Ivan Kouchnir

Économie du Kazakhstan

Série "Economie dans les pays"

première publication: 2020
dernière mise à jour: 2021-01-21

Ivan Kouchnir. Économie du Kazakhstan. Série "Economie dans les pays". - 2020. - 58 pages.

Ce livre sur l'économie du Kazakhstan des années 1990 aux années 2010. Données source provenant de UN Data.

Taille. Dans les années 2010, le produit intérieur brut du Kazakhstan s'élevait à 185,6 milliards de dollars par an; la valeur de l'agriculture était de 8,4 milliards de dollars; la valeur de l'industrie était de 52,4 milliards de dollars. Comme la part dans le monde était comprise entre 0,1% et 1%, le pays est classé en tant que dans l'économie moyenne.

Productivité. Dans les années 2010, le PIB par habitant était de 10 656,7 dollars; l'agriculture par habitant était de 481,8 dollars; l'industrie par habitant était de 3 007,4 dollars. Étant donné que la productivité est comprise entre la moyenne et la moyenne supérieure à la moyenne, l'économie est classée comme développée.

Croissance. Dans les années 2010, la croissance du PIB était de 4,5%; la croissance de l'agriculture était de 2,0%; la croissance de l'industrie était de 3,2%.

Structure. Dans les années 2010, l'économie du Kazakhstan était composée des secteurs suivants: services (31,0%), industrie (21,8%), agriculture (17,8%), commerce (12,4%), transport (10,0%), construction (7,0%).

Exportation et importation. Dans les années 2010, les exportations étaient supérieures de 42,0% aux importations, les exportations nettes représentant 11,3% du PIB. La structure technologique des exportations n'est pas meilleure que la structure des importations.

Consommation et reproduction. L'attitude de la reproduction vis-à-vis de la consommation n'est pas meilleure que la moyenne mondiale; ainsi la part du PIB dans le monde n'augmentera donc pas.

Série "Economie dans les pays": parallel.page.link/fr

© Ivan Kouchnir, 2020

Tous les droits sont réservés.

ISBN: 9798613908301

Contenu

Partie I. Taille — 4
    Chapitre I. Produit intérieur brut — 5
    Chapitre II. Valeur ajoutée — 8
    Chapitre III. Revenu national brut — 11

Partie II. Structure — 14
    Chapitre IV. Agriculture — 15
    Chapitre V. Industrie — 18
        Chapitre 5.1. Fabrication — 21
    Chapitre VI. Construction — 25
    Chapitre VII. Transport — 28
    Chapitre VIII. Commerce — 31
    Chapitre IX. Services — 34

Partie III. Relations extérieures — 37
    Chapitre X. Exportations — 38
    Chapitre XI. Importations — 42

Partie IV. Consommation — 46
    Chapitre XII. Dépenses publiques — 47
    Chapitre XIII. Dépenses ménagères — 50
    Chapitre XIV. Consommation de nourriture — 53

Partie V. Reproduction — 55
    Chapitre XV. Formation de capital fixe — 56

Partie I. Taille

	Les années 2010
PIB	185,6 milliards de dollars
Partager dans le monde	0,24%
Partager en Asie	0,68%
Partager en Asie centrale	61,5%

Chapitre I. Produit intérieur brut

Le PIB du Kazakhstan est passé de 23,3 milliards de dollars par an dans les années 1990 à 185,6 milliards de dollars par an dans les années 2010, c'est-à-dire 162,3 milliards de dollars ou de 8,0 fois. La variation a été de 125,1 milliards de dollars en raison de l'augmentation de 3,1 fois des prix, et de 34,9 milliards de dollars en raison de la croissance de productivité de 2,4 fois, et de 2,3 milliards de dollars en raison de la croissance démographique. La croissance annuelle moyenne du PIB était de 2,8%. La valeur minimale était de 16,9 milliards de dollars en 1999. La valeur maximale était de 236,6 milliards de dollars en 2013.

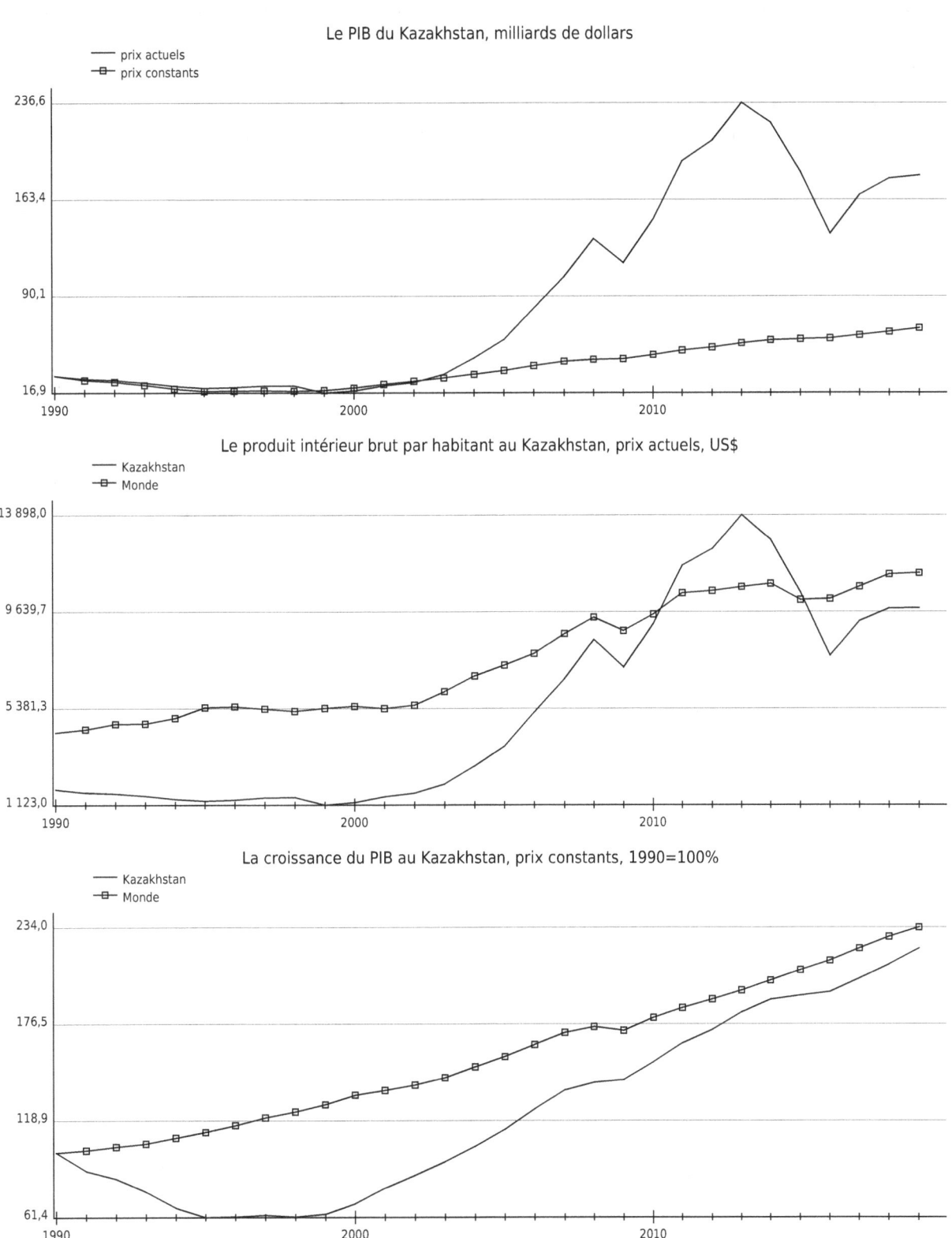

Les années 1990

Le produit intérieur brut du Kazakhstan était de 23,3 milliards de dollars par an dans les années 1990, se classant au 61ème rang mondial. La part dans le monde était de 0,081% et de 0,30% en Asie.

Le produit intérieur brut du Kazakhstan était constitué des dépenses ménagères (69,6%), de la formation de capital (24,5%) et des dépenses publiques (12,5%).

Le produit intérieur brut par habitant au Kazakhstan était de 1469.7 dollars dans les années 1990, se classant au 119ème rang mondial, à égalité avec le Vanuatu (1 463,0 de dollars), la Jordanie (1 459,0 de dollars), la Roumanie (1 482,1 de dollars). Le PIB par habitant au Kazakhstan était 3,4 fois inférieur le PIB par habitant au Monde (5 020,1 US$), et 34,5% inférieur le PIB par habitant en Asie (2 243,8 US$).

La croissance du produit intérieur brut au Kazakhstan était de -5% dans les années 1990, se situant au 193ème rang mondial, à égalité avec le Kirghizistan (-5,0%). La croissance du produit intérieur brut au Kazakhstan (-5,0%) a été inférieure à celle du monde (2,8%), et inférieure à celle de l'Asie (4,7%).

Comparaison avec les voisins. Le PIB du Kazakhstan était supérieur à celui de l'Ouzbékistan (17,5 milliards de dollars) et du Kirghizistan (1,9 milliards de dollars); mais inférieur à celui de la Chine (716,7 milliards de dollars) et de la Russie (417,8 milliards de dollars). Le produit intérieur brut par habitant au Kazakhstan était supérieur à celui de l'Ouzbékistan (777,7 de dollars), de la Chine (581,3 de dollars) et du Kirghizistan (408,2 de dollars); mais inférieur à celui de la Russie (2 825,0 de dollars). La croissance du PIB au Kazakhstan était supérieure à celle du Kirghizistan (-5,0%) et de la Russie (-5,3%); mais inférieure à celle de la Chine (10,0%) et de l'Ouzbékistan (-0,62%).

Comparaison avec les leaders. Le PIB du Kazakhstan était inférieur à celui des États-Unis (7,6 billions de dollars), du Japon (4,3 billions de dollars), de l'Allemagne (2,2 billions de dollars), de la France (1,4 billions de dollars) et du Royaume-Uni (1,3 billions de dollars). Le produit intérieur brut par habitant au Kazakhstan était inférieur à celui du Japon (34 325,0 de dollars), des États-Unis (28 654,0 de dollars), de l'Allemagne (27 003,8 de dollars), de la France (24 100,9 de dollars) et du Royaume-Uni (22 920,4 de dollars). La croissance du PIB au Kazakhstan était inférieure à celle des États-Unis (3,2%), du Royaume-Uni (2,3%), de l'Allemagne (2,2%), de la France (2,0%) et du Japon (1,5%).

Les années 2000

Le produit intérieur brut du Kazakhstan était de 63,1 milliards de dollars par an dans les années 2000, se situant au 57ème rang mondial à égalité avec le Maroc (62,9 milliards de dollars), le Bangladesh (64,7 milliards de dollars). La part dans le monde était de 0,14% et de 0,50% en Asie.

Le PIB du Kazakhstan était constitué des dépenses ménagères (48,3%), de la formation de capital (29,9%) et des dépenses publiques (11,1%).

Le produit intérieur brut par habitant au Kazakhstan était de 4103.4 dollars dans les années 2000, au 97ème rang mondial, à égalité avec la Jamaïque (4 005,1 de dollars). Le PIB par habitant au Kazakhstan était 42,8% inférieur le PIB par habitant au Monde (7 176,3 US$), et 29,0% supérieur le produit intérieur brut par habitant en Asie (3 180,5 US$).

La croissance du PIB au Kazakhstan était de 8.5% dans les années 2000, au 11ème rang mondial, à égalité avec le Mali (8,5%), l'Arménie (8,5%), l'Angola (8,6%). La croissance du produit intérieur brut au Kazakhstan (8,5%) a été supérieure à celle du monde (3,0%), et supérieure à celle de l'Asie (5,2%).

Comparaison avec les voisins. Le PIB du Kazakhstan était supérieur à celui de l'Ouzbékistan (20,5 milliards de dollars) et du Kirghizistan (2,8 milliards de dollars); mais inférieur à celui de la Chine (2,6 billions de dollars) et de la Russie (794,5 milliards de dollars). Le produit intérieur brut par habitant au Kazakhstan était supérieur à celui de la Chine (1 954,1 de dollars), de l'Ouzbékistan (779,7 de dollars) et du Kirghizistan (541,5 de dollars); mais inférieur à celui de la Russie (5 505,6 de dollars). La croissance du produit intérieur brut au Kazakhstan était supérieure à celle de l'Ouzbékistan (6,5%), de la Russie (5,4%) et du Kirghizistan (4,7%); mais inférieure à celle de la Chine (10,3%).

Comparaison avec les leaders. Le produit intérieur brut du Kazakhstan était inférieur à celui des États-Unis (12,6 billions de dollars), du Japon (4,7 billions de dollars), de l'Allemagne (2,8 billions de dollars), de la Chine (2,6 billions de dollars) et du Royaume-Uni (2,3 billions de dollars). Le produit intérieur brut par habitant au Kazakhstan était supérieur à celui de la Chine (1 954,1 de dollars); mais

Chapitre I. Produit intérieur brut

inférieur à celui des États-Unis (42 841,2 de dollars), du Royaume-Uni (38 399,3 de dollars), du Japon (36 386,2 de dollars) et de l'Allemagne (33 966,8 de dollars). La croissance du PIB au Kazakhstan était supérieure à celle des États-Unis (1,9%), du Royaume-Uni (1,7%), de l'Allemagne (0,73%) et du Japon (0,50%); mais inférieure à celle de la Chine (10,3%).

Les années 2010

Le PIB du Kazakhstan était de 185,6 milliards de dollars par an dans les années 2010, se situant au 54ème rang mondial à égalité avec la Nouvelle-Zélande (186,9 milliards de dollars), l'Algérie (183,7 milliards de dollars), le Viêt Nam (189,4 milliards de dollars). La part dans le monde était de 0,24% et de 0,68% en Asie.

Le produit intérieur brut du Kazakhstan était constitué des dépenses ménagères (49,4%), de la formation de capital (25,7%) et des dépenses publiques (10,5%).

Le produit intérieur brut par habitant au Kazakhstan était de 10656.7 dollars dans les années 2010, se classant au 81ème rang mondial, à égalité avec le Brésil (10 619,0 de dollars), le Monde (10 603,1 de dollars), la Malaisie (10 551,4 de dollars). Le produit intérieur brut par habitant au Kazakhstan était 0,51% supérieur le PIB par habitant au Monde (10 603,1 US$), et 71,7% supérieur le produit intérieur brut par habitant en Asie (6 207,1 US$).

La croissance du produit intérieur brut au Kazakhstan était de 4.5% dans les années 2010, se classant au 60ème rang mondial, à égalité avec l'Arménie (4,4%), Monaco (4,5%), le Pérou (4,5%). La croissance du produit intérieur brut au Kazakhstan (4,5%) a été supérieure à celle du monde (3,1%), et inférieure à celle de l'Asie (5,2%).

Comparaison avec les voisins. Le produit intérieur brut du Kazakhstan était 2,9 fois supérieur à celui de l'Ouzbékistan (64,4 milliards de dollars) et 26,4 fois supérieur à celui du Kirghizistan (7,0 milliards de dollars); mais 56,6 fois inférieur à celui de la Chine (10,5 billions de dollars) et 9,6 fois inférieur à celui de la Russie (1,8 billions de dollars). Le PIB par habitant au Kazakhstan était 42,3% supérieur à celui de la Chine (7 491,3 de dollars), 5,1 fois supérieur à celui de l'Ouzbékistan (2 098,6 de dollars) et 9,0 fois supérieur à celui du Kirghizistan (1 190,2 de dollars); mais 13,1% inférieur à celui de la Russie (12 260,3 de dollars). La croissance du PIB au Kazakhstan était supérieure à celle du Kirghizistan (4,1%) et de la Russie (1,9%); mais inférieure à celle de la Chine (7,7%) et de l'Ouzbékistan (6,7%).

Comparaison avec les leaders. Le produit intérieur brut du Kazakhstan était 96,8 fois inférieur à celui des États-Unis (18,0 billions de dollars), 56,6 fois inférieur à celui de la Chine (10,5 billions de dollars), 28,2 fois inférieur à celui du Japon (5,2 billions de dollars), 19,7 fois inférieur à celui de l'Allemagne (3,7 billions de dollars) et 14,9 fois inférieur à celui du Royaume-Uni (2,8 billions de dollars). Le PIB par habitant au Kazakhstan était 42,3% supérieur à celui de la Chine (7 491,3 de dollars); mais 5,3 fois inférieur à celui des États-Unis (56 220,1 de dollars), 4,2 fois inférieur à celui de l'Allemagne (44 732,1 de dollars), 4,0 fois inférieur à celui du Royaume-Uni (42 176,3 de dollars) et 3,8 fois inférieur à celui du Japon (40 869,8 de dollars). La croissance du PIB au Kazakhstan était supérieure à celle des États-Unis (2,3%), de l'Allemagne (1,9%), du Royaume-Uni (1,8%) et du Japon (1,3%); mais inférieure à celle de la Chine (7,7%).

Chapitre II. Valeur ajoutée

La valeur ajoutée du Kazakhstan est passé de 24,0 milliards de dollars par an dans les années 1990 à 172,9 milliards de dollars par an dans les années 2010, c'est-à-dire 148,9 milliards de dollars ou de 7,2 fois. La variation a été de 111,5 milliards de dollars en raison de l'augmentation de 2,8 fois des prix, et de 35,0 milliards de dollars en raison de la croissance de productivité de 2,3 fois, et de 2,4 milliards de dollars en raison de la croissance démographique. La croissance annuelle moyenne de la valeur ajoutée était de 2,8%. La valeur minimale était de 16,1 milliards de dollars en 1999. La valeur maximale était de 216,2 milliards de dollars en 2013.

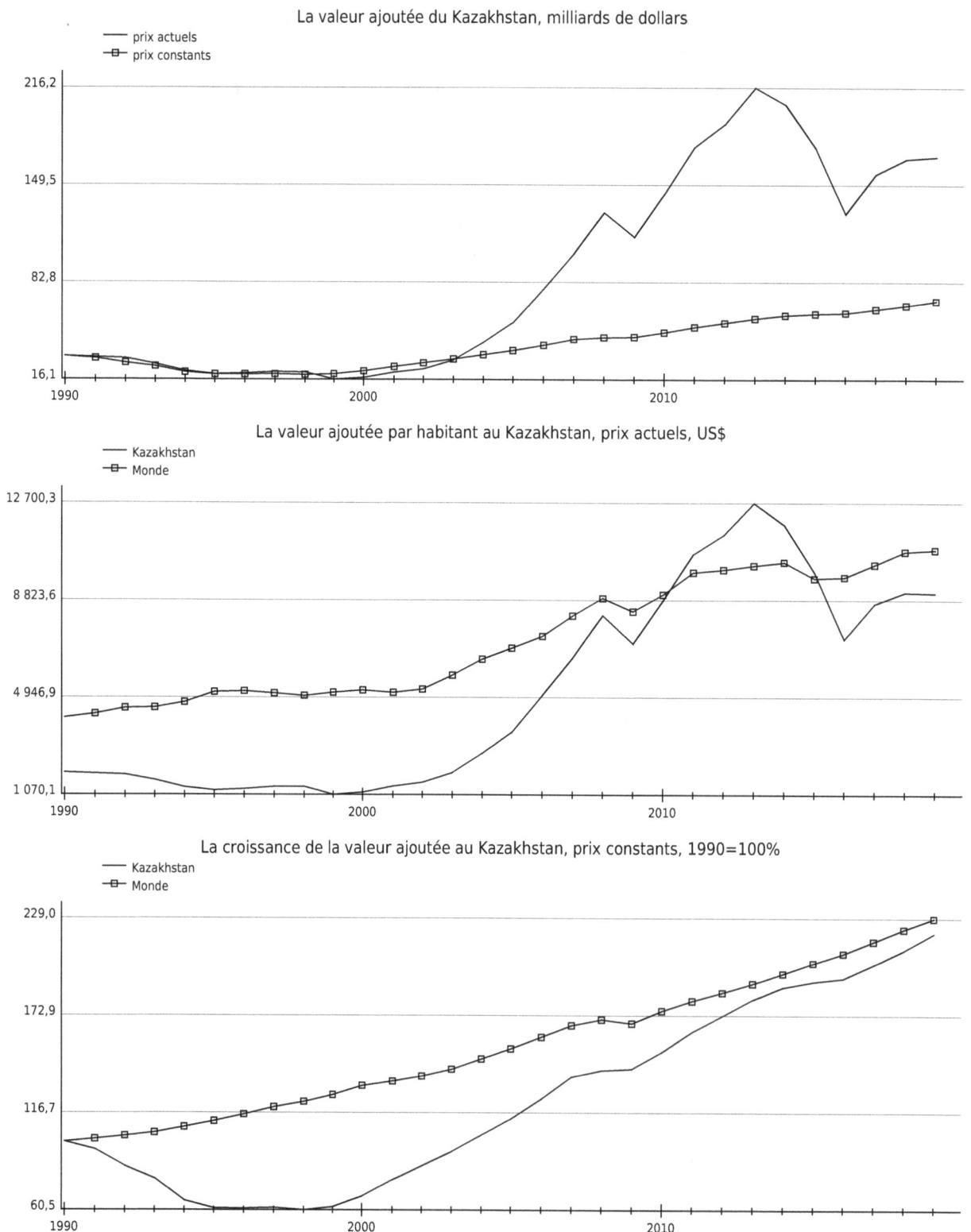

Chapitre II. Valeur ajoutée

Les années 1990

La valeur ajoutée du Kazakhstan était de 24,0 milliards de dollars par an dans les années 1990, se classant au 60ème rang mondial. La part dans le monde était de 0,088% et de 0,31% en Asie.

La valeur ajoutée totale du Kazakhstan était constituée de: services (31,0%), industrie (21,8%), agriculture (17,8%), commerce (12,4%), transport (10,0%), construction (7,0%).

La valeur ajoutée par habitant au Kazakhstan était de 1512.9 dollars dans les années 1990, au 115ème rang mondial, à égalité avec la Biélorussie (1 479,7 de dollars). La valeur ajoutée par habitant au Kazakhstan était 3,2 fois inférieure la valeur ajoutée par habitant au Monde (4 799,9 US$), et 31,1% inférieure la valeur ajoutée par habitant en Asie (2 197,3 US$).

La croissance de la valeur ajoutée au Kazakhstan était de -5.1% dans les années 1990, au 195ème rang mondial, à égalité avec la république démocratique du Congo (-5,1%), la Lituanie (-5,1%). La croissance de la valeur ajoutée au Kazakhstan (-5,1%) a été inférieure à celle du monde (2,7%), et inférieure à celle de l'Asie (4,6%).

Comparaison avec les voisins. La valeur ajoutée du Kazakhstan était supérieure à celle de l'Ouzbékistan (15,8 milliards de dollars) et du Kirghizistan (1,8 milliards de dollars); mais inférieure à celle de la Chine (716,7 milliards de dollars) et de la Russie (392,4 milliards de dollars). La valeur ajoutée par habitant au Kazakhstan était supérieure à celle de l'Ouzbékistan (702,2 de dollars), de la Chine (581,3 de dollars) et du Kirghizistan (389,0 de dollars); mais inférieure à celle de la Russie (2 653,1 de dollars). La croissance de la valeur ajoutée au Kazakhstan était supérieure à celle du Kirghizistan (-5,5%); mais inférieure à celle de la Chine (9,4%), de l'Ouzbékistan (-1,3%) et de la Russie (-4,8%).

Comparaison avec les leaders. La valeur ajoutée du Kazakhstan était inférieure à celle des États-Unis (7,6 billions de dollars), du Japon (4,3 billions de dollars), de l'Allemagne (2,0 billions de dollars), de la France (1,3 billions de dollars) et du Royaume-Uni (1,2 billions de dollars). La valeur ajoutée par habitant au Kazakhstan était inférieure à celle du Japon (34 190,7 de dollars), des États-Unis (28 605,8 de dollars), de l'Allemagne (24 519,7 de dollars), de la France (21 588,1 de dollars) et du Royaume-Uni (21 414,8 de dollars). La croissance de la valeur ajoutée au Kazakhstan était inférieure à celle des États-Unis (2,8%), du Royaume-Uni (2,4%), de l'Allemagne (2,1%), de la France (1,8%) et du Japon (1,8%).

Les années 2000

La valeur ajoutée du Kazakhstan était de 61,1 milliards de dollars par an dans les années 2000, se situant au 57ème rang mondial à égalité avec le Viêt Nam (60,8 milliards de dollars), le Bangladesh (62,0 milliards de dollars). La part dans le monde était de 0,14% et de 0,50% en Asie.

La valeur ajoutée totale du Kazakhstan était constituée de: industrie (31,1%), services (29,1%), commerce (13,3%), transport (11,8%), construction (8,2%), agriculture (6,4%).

La valeur ajoutée par habitant au Kazakhstan était de 3976.4 dollars dans les années 2000, se situant au 97ème rang mondial, à égalité avec l'Afrique australe (3 957,4 de dollars), Cuba (3 936,0 de dollars), les Maldives (4 072,7 de dollars). La valeur ajoutée par habitant au Kazakhstan était 41,7% inférieure la valeur ajoutée par habitant au Monde (6 818,0 US$), et 27,8% supérieure la valeur ajoutée par habitant en Asie (3 111,3 US$).

La croissance de la valeur ajoutée au Kazakhstan était de 8.6% dans les années 2000, au 8ème rang mondial, à égalité avec l'Arménie (8,6%), l'Afghanistan (8,7%). La croissance de la valeur ajoutée au Kazakhstan (8,6%) a été supérieure à celle du monde (2,9%), et supérieure à celle de l'Asie (5,1%).

Comparaison avec les voisins. La valeur ajoutée du Kazakhstan était supérieure à celle de l'Ouzbékistan (18,6 milliards de dollars) et du Kirghizistan (2,5 milliards de dollars); mais inférieure à celle de la Chine (2,6 billions de dollars) et de la Russie (685,9 milliards de dollars). La valeur ajoutée par habitant au Kazakhstan était supérieure à celle de la Chine (1 954,1 de dollars), de l'Ouzbékistan (706,7 de dollars) et du Kirghizistan (492,6 de dollars); mais inférieure à celle de la Russie (4 753,5 de dollars). La croissance de la valeur ajoutée au Kazakhstan était supérieure à celle de l'Ouzbékistan (5,7%), de la Russie (5,0%) et du Kirghizistan (4,1%); mais inférieure à celle de la Chine (10,2%).

Comparaison avec les leaders. La valeur ajoutée du Kazakhstan était inférieure à celle des États-Unis (12,6 billions de dollars), du Japon (4,7 billions de dollars), de la Chine (2,6 billions de dollars), de l'Allemagne (2,5 billions de dollars) et du Royaume-Uni (2,1 billions de dollars). La valeur ajoutée par habitant au Kazakhstan était supérieure à celle de la Chine (1 954,1 de dollars); mais inférieure à celle des États-Unis (42 840,8 de dollars), du Japon (36 383,0 de dollars), du Royaume-Uni (34 611,1 de dollars) et de l'Allemagne (30 717,6 de dollars). La croissance de la valeur ajoutée au Kazakhstan était supérieure à celle des États-Unis (1,7%), du Royaume-Uni (1,7%), de l'Allemagne (0,65%) et du Japon (0,27%); mais inférieure à celle de la Chine (10,2%).

Les années 2010

La valeur ajoutée du Kazakhstan était de 172,9 milliards de dollars par an dans les années 2010, au 54ème rang mondial à égalité avec la Nouvelle-Zélande (171,1 milliards de dollars), le Viêt Nam (170,0 milliards de dollars), la Roumanie (176,7 milliards de dollars). La part dans le monde était de 0,23% et de 0,65% en Asie.

La valeur ajoutée totale du Kazakhstan était constituée de: industrie (30,3%), services (29,5%), commerce (17,9%), transport (11,0%), construction (6,5%), agriculture (4,9%).

La valeur ajoutée par habitant au Kazakhstan était de 9925.9 dollars dans les années 2010, se classant au 80ème rang mondial, à égalité avec le Costa Rica (9 894,7 de dollars), le Monde (10 094,6 de dollars), le Venezuela (9 755,7 de dollars). La valeur ajoutée par habitant au Kazakhstan était 1,7% inférieure la valeur ajoutée par habitant au Monde (10 094,6 US$), et 63,6% supérieure la valeur ajoutée par habitant en Asie (6 065,5 US$).

La croissance de la valeur ajoutée au Kazakhstan était de 4.5% dans les années 2010, se classant au 57ème rang mondial, à égalité avec les Îles Marshall (4,5%), Sierra Leone (4,5%). La croissance de la valeur ajoutée au Kazakhstan (4,5%) a été supérieure à celle du monde (3,1%), et inférieure à celle de l'Asie (5,3%).

Comparaison avec les voisins. La valeur ajoutée du Kazakhstan était 3,0 fois supérieure à celle de l'Ouzbékistan (58,3 milliards de dollars) et 27,3 fois supérieure à celle du Kirghizistan (6,3 milliards de dollars); mais 60,8 fois inférieure à celle de la Chine (10,5 billions de dollars) et 9,0 fois inférieure à celle de la Russie (1,6 billions de dollars). La valeur ajoutée par habitant au Kazakhstan était 32,5% supérieure à celle de la Chine (7 491,3 de dollars), 5,2 fois supérieure à celle de l'Ouzbékistan (1 899,4 de dollars) et 9,3 fois supérieure à celle du Kirghizistan (1 072,5 de dollars); mais 8,0% inférieure à celle de la Russie (10 792,3 de dollars). La croissance de la valeur ajoutée au Kazakhstan était supérieure à celle du Kirghizistan (3,9%) et de la Russie (1,7%); mais inférieure à celle de la Chine (7,7%) et de l'Ouzbékistan (6,8%).

Comparaison avec les leaders. La valeur ajoutée du Kazakhstan était 103,9 fois inférieure à celle des États-Unis (18,0 billions de dollars), 60,8 fois inférieure à celle de la Chine (10,5 billions de dollars), 30,1 fois inférieure à celle du Japon (5,2 billions de dollars), 19,1 fois inférieure à celle de l'Allemagne (3,3 billions de dollars) et 14,3 fois inférieure à celle du Royaume-Uni (2,5 billions de dollars). La valeur ajoutée par habitant au Kazakhstan était 32,5% supérieure à celle de la Chine (7 491,3 de dollars); mais 5,7 fois inférieure à celle des États-Unis (56 220,3 de dollars), 4,1 fois inférieure à celle du Japon (40 660,3 de dollars), 4,1 fois inférieure à celle de l'Allemagne (40 346,4 de dollars) et 3,8 fois inférieure à celle du Royaume-Uni (37 659,6 de dollars). La croissance de la valeur ajoutée au Kazakhstan était supérieure à celle des États-Unis (2,2%), de l'Allemagne (1,9%), du Royaume-Uni (1,8%) et du Japon (1,3%); mais inférieure à celle de la Chine (7,7%).

Chapitre III. Revenu national brut

Le RNB du Kazakhstan est passé de 23,1 milliards de dollars par an dans les années 1990 à 164,0 milliards de dollars par an dans les années 2010, c'est-à-dire 140,8 milliards de dollars ou de 7,1 fois. La variation a été de 110,5 milliards de dollars en raison de l'augmentation de 3,1 fois des prix, et de 28,1 milliards de dollars en raison de la croissance de productivité de 2,1 fois, et de 2,3 milliards de dollars en raison de la croissance démographique. La croissance annuelle moyenne du RNB était de 2,3%. La valeur minimale était de 16,3 milliards de dollars en 1999. La valeur maximale était de 211,5 milliards de dollars en 2013.

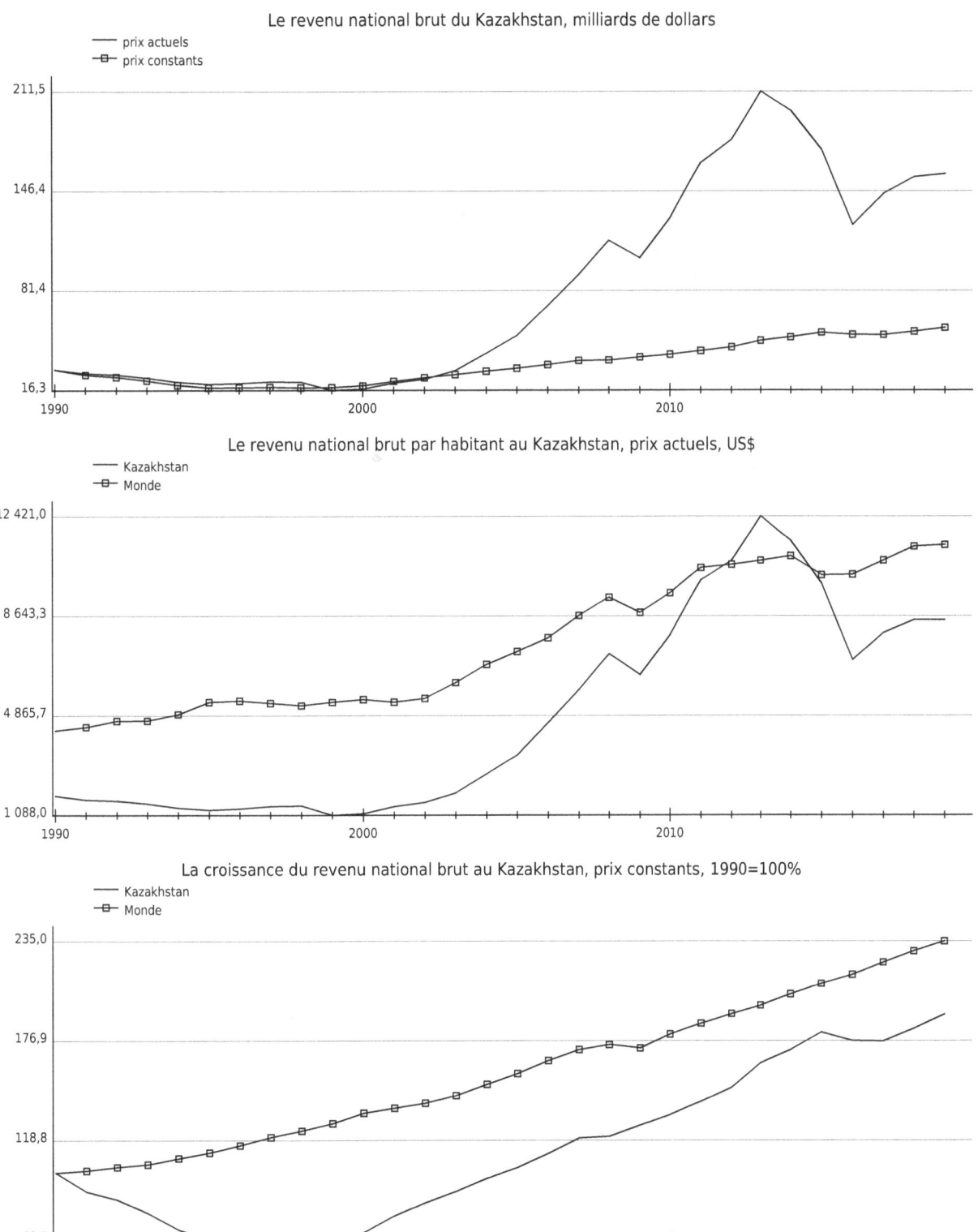

Les années 1990

Le revenu national brut du Kazakhstan était de 23,1 milliards de dollars par an dans les années 1990, au 61ème rang mondial. La part dans le monde était de 0,081% et de 0,30% en Asie.

Le revenu national brut par habitant au Kazakhstan était de 1459.2 dollars dans les années 1990, se situant au 119ème rang mondial, à égalité avec la Palestine (1 454,5 de dollars), la Roumanie (1 466,7 de dollars), l'Eswatini (1 485,6 de dollars). Le RNB par habitant au Kazakhstan était 3,4 fois inférieur le RNB par habitant au Monde (4 991,4 US$), et 35,4% inférieur le RNB par habitant en Asie (2 257,5 US$).

La croissance du RNB au Kazakhstan était de -5.3% dans les années 1990, au 194ème rang mondial, à égalité avec la république démocratique du Congo (-5,3%). La croissance du revenu national brut au Kazakhstan (-5,3%) a été inférieure à celle du monde (2,8%), et inférieure à celle de l'Asie (4,6%).

Comparaison avec les voisins. Le revenu national brut du Kazakhstan était supérieur à celui de l'Ouzbékistan (17,4 milliards de dollars) et du Kirghizistan (1,8 milliards de dollars); mais inférieur à celui de la Chine (721,1 milliards de dollars) et de la Russie (411,1 milliards de dollars). Le RNB par habitant au Kazakhstan était supérieur à celui de l'Ouzbékistan (772,9 de dollars), de la Chine (584,9 de dollars) et du Kirghizistan (400,8 de dollars); mais inférieur à celui de la Russie (2 779,6 de dollars). La croissance du RNB au Kazakhstan était supérieure à celle du Kirghizistan (-5,6%) et de la Russie (-5,7%); mais inférieure à celle de la Chine (9,3%) et de l'Ouzbékistan (-0,67%).

Comparaison avec les leaders. Le RNB du Kazakhstan était inférieur à celui des États-Unis (7,5 billions de dollars), du Japon (4,4 billions de dollars), de l'Allemagne (2,2 billions de dollars), de la France (1,4 billions de dollars) et du Royaume-Uni (1,3 billions de dollars). Le RNB par habitant au Kazakhstan était inférieur à celui du Japon (34 665,3 de dollars), des États-Unis (28 503,5 de dollars), de l'Allemagne (27 004,0 de dollars), de la France (24 286,5 de dollars) et du Royaume-Uni (23 037,3 de dollars). La croissance du revenu national brut au Kazakhstan était inférieure à celle des États-Unis (3,4%), de la France (2,2%), du Royaume-Uni (2,0%), de l'Allemagne (2,0%) et du Japon (1,5%).

Les années 2000

Le RNB du Kazakhstan était de 56,3 milliards de dollars par an dans les années 2000, se classant au 59ème rang mondial à égalité avec le Viêt Nam (57,5 milliards de dollars). La part dans le monde était de 0,12% et de 0,45% en Asie.

Le revenu national brut par habitant au Kazakhstan était de 3662.8 dollars dans les années 2000, au 102ème rang mondial. Le revenu national brut par habitant au Kazakhstan était 48,9% inférieur le RNB par habitant au Monde (7 165,2 US$), et 14,5% supérieur le revenu national brut par habitant en Asie (3 199,2 US$).

La croissance du revenu national brut au Kazakhstan était de 7.6% dans les années 2000, au 22ème rang mondial. La croissance du RNB au Kazakhstan (7,6%) a été supérieure à celle du monde (3,0%), et supérieure à celle de l'Asie (5,3%).

Comparaison avec les voisins. Le RNB du Kazakhstan était supérieur à celui de l'Ouzbékistan (20,4 milliards de dollars) et du Kirghizistan (2,7 milliards de dollars); mais inférieur à celui de la Chine (2,6 billions de dollars) et de la Russie (771,8 milliards de dollars). Le RNB par habitant au Kazakhstan était supérieur à celui de la Chine (1 950,5 de dollars), de l'Ouzbékistan (775,8 de dollars) et du Kirghizistan (525,3 de dollars); mais inférieur à celui de la Russie (5 348,3 de dollars). La croissance du revenu national brut au Kazakhstan était supérieure à celle de l'Ouzbékistan (6,6%), de la Russie (5,5%) et du Kirghizistan (4,9%); mais inférieure à celle de la Chine (10,4%).

Comparaison avec les leaders. Le RNB du Kazakhstan était inférieur à celui des États-Unis (12,7 billions de dollars), du Japon (4,8 billions de dollars), de l'Allemagne (2,8 billions de dollars), de la Chine (2,6 billions de dollars) et du Royaume-Uni (2,3 billions de dollars). Le RNB par habitant au Kazakhstan était supérieur à celui de la Chine (1 950,5 de dollars); mais inférieur à celui des États-Unis (43 177,4 de dollars), du Royaume-Uni (38 514,5 de dollars), du Japon (37 144,2 de dollars) et de l'Allemagne (34 189,0 de dollars). La croissance du revenu national brut au Kazakhstan était supérieure à celle des États-Unis (1,8%), du Royaume-Uni (1,7%), de l'Allemagne (1,0%) et du Japon (0,62%); mais inférieure à celle de la Chine (10,4%).

Les années 2010

Le RNB du Kazakhstan était de 164,0 milliards de dollars par an dans les années 2010, se classant au 56ème rang mondial à égalité avec le Qatar (166,9 milliards de dollars). La part dans le monde était de 0,21% et de 0,60% en Asie.

Chapitre III. Revenu national brut

Le revenu national brut par habitant au Kazakhstan était de 9412.6 dollars dans les années 2010, se classant au 87ème rang mondial, à égalité avec l'Amérique du Sud (9 572,3 de dollars), le Mexique (9 620,5 de dollars). Le revenu national brut par habitant au Kazakhstan était 11,3% inférieur le revenu national brut par habitant au Monde (10 611,7 US$), et 51,1% supérieur le RNB par habitant en Asie (6 227,9 US$).

La croissance du revenu national brut au Kazakhstan était de 4.2% dans les années 2010, au 70ème rang mondial, à égalité avec l'Afghanistan (4,1%), Sierra Leone (4,2%), la Moldavie (4,2%). La croissance du RNB au Kazakhstan (4,2%) a été supérieure à celle du monde (3,1%), et inférieure à celle de l'Asie (5,2%).

Comparaison avec les voisins. Le revenu national brut du Kazakhstan était 2,5 fois supérieur à celui de l'Ouzbékistan (66,2 milliards de dollars) et 24,7 fois supérieur à celui du Kirghizistan (6,6 milliards de dollars); mais 63,8 fois inférieur à celui de la Chine (10,5 billions de dollars) et 10,5 fois inférieur à celui de la Russie (1,7 billions de dollars). Le revenu national brut par habitant au Kazakhstan était 26,1% supérieur à celui de la Chine (7 463,8 de dollars), 4,4 fois supérieur à celui de l'Ouzbékistan (2 154,9 de dollars) et 8,4 fois supérieur à celui du Kirghizistan (1 125,3 de dollars); mais 20,9% inférieur à celui de la Russie (11 894,6 de dollars). La croissance du RNB au Kazakhstan était supérieure à celle du Kirghizistan (3,8%) et de la Russie (1,9%); mais inférieure à celle de la Chine (7,7%) et de l'Ouzbékistan (7,0%).

Comparaison avec les leaders. Le revenu national brut du Kazakhstan était 111,7 fois inférieur à celui des États-Unis (18,3 billions de dollars), 63,8 fois inférieur à celui de la Chine (10,5 billions de dollars), 32,9 fois inférieur à celui du Japon (5,4 billions de dollars), 22,9 fois inférieur à celui de l'Allemagne (3,7 billions de dollars) et 16,7 fois inférieur à celui de la France (2,7 billions de dollars). Le RNB par habitant au Kazakhstan était 26,1% supérieur à celui de la Chine (7 463,8 de dollars); mais 6,1 fois inférieur à celui des États-Unis (57 299,9 de dollars), 4,9 fois inférieur à celui de l'Allemagne (45 801,3 de dollars), 4,5 fois inférieur à celui du Japon (42 204,7 de dollars) et 4,4 fois inférieur à celui de la France (41 404,4 de dollars). La croissance du revenu national brut au Kazakhstan était supérieure à celle des États-Unis (2,5%), de l'Allemagne (2,0%), du Japon (1,4%) et de la France (1,4%); mais inférieure à celle de la Chine (7,7%).

Partie II. Structure

	Les années 2010
agriculture	4,9%
industrie	30,3%
construction	6,5%
commerce	17,9%
transport	11,0%
services	29,5%

Chapitre IV. Agriculture

Agriculture, chasse, sylviculture et pêche (ISIC A-B)

Le secteur de l'agriculture au Kazakhstan est passé de 4,3 milliards de dollars par an dans les années 1990 à 8,4 milliards de dollars par an dans les années 2010, c'est-à-dire 4,1 milliards de dollars ou de 96,3%. La variation a été de 3,1 milliards de dollars en raison de l'augmentation de 1,6 fois des prix, et de 610,0 millions de dollars en raison de la croissance de productivité de 1,1 fois, et de 427,3 millions de dollars en raison de la croissance démographique. La croissance annuelle moyenne de l'agriculture était de -0,096%. La valeur minimale était de 1,5 milliards de dollars en 2000. La valeur maximale était de 10,7 milliards de dollars en 2013.

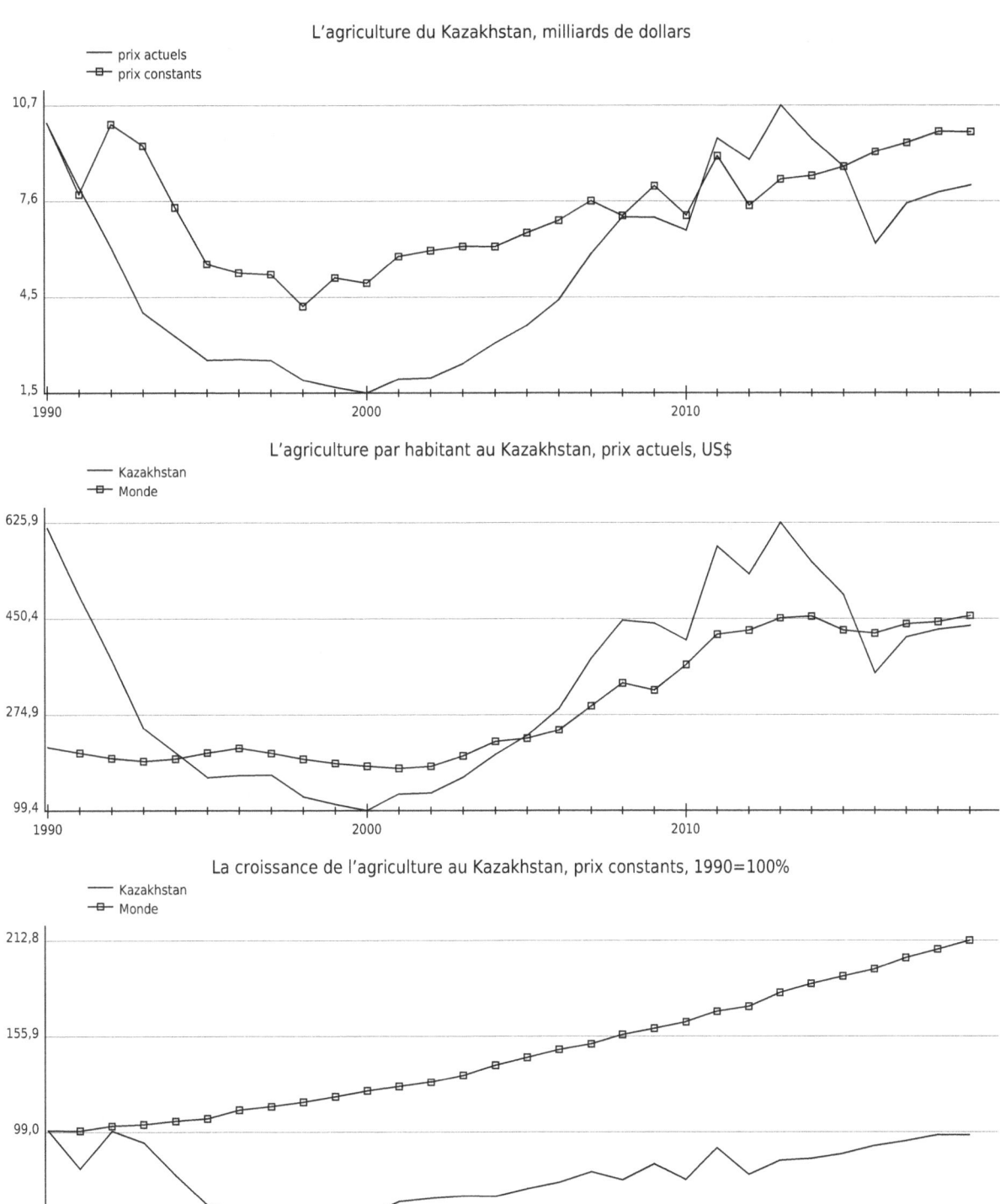

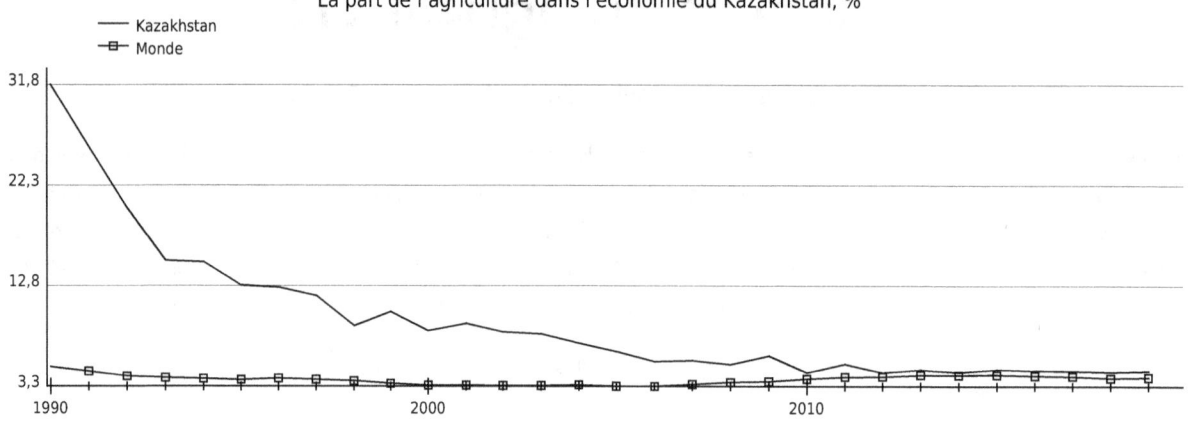

La part de l'agriculture dans l'économie du Kazakhstan, %

Les années 1990

La valeur de l'agriculture au Kazakhstan était de 4,3 milliards de dollars par an dans les années 1990, se situant au 50ème rang mondial à égalité avec la Suisse (4,3 milliards de dollars), le Danemark (4,3 milliards de dollars), le Ghana (4,2 milliards de dollars). La part dans le monde était de 0,38% et de 0,81% en Asie.

La part de l'agriculture dans l'économie du Kazakhstan était de 17,8% dans les années 1990, au 76ème rang mondial, à égalité avec le Sénégal (17,7%), la Biélorussie (18,0%).

L'agriculture par habitant au Kazakhstan était de 270 dollars dans les années 1990, se classant au 69ème rang mondial, à égalité avec les Tuvalu (269,6 de dollars), Maurice (270,5 de dollars), Saint-Vincent-et-les-Grenadines (272,9 de dollars). L'agriculture par habitant au Kazakhstan était 35,1% supérieure l'agriculture par habitant au Monde (199,8 US$), et 78,1% supérieure l'agriculture par habitant en Asie (151,6 US$).

La croissance de l'agriculture au Kazakhstan était de -7.2% dans les années 1990, se situant au 197ème rang mondial. La croissance de l'agriculture au Kazakhstan (-7,2%) a été inférieure à celle du monde (2,2%), et inférieure à celle de l'Asie (3,2%).

Comparaison avec les voisins. L'agriculture du Kazakhstan était supérieure à celle du Kirghizistan (710,0 millions de dollars); mais inférieure à celle de la Chine (139,0 milliards de dollars), de la Russie (36,1 milliards de dollars) et de l'Ouzbékistan (6,7 milliards de dollars). L'agriculture par habitant au Kazakhstan était supérieure à celle de la Russie (243,9 de dollars), du Kirghizistan (155,0 de dollars) et de la Chine (112,7 de dollars); mais inférieure à celle de l'Ouzbékistan (296,2 de dollars). La croissance de l'agriculture au Kazakhstan était inférieure à celle de la Chine (4,3%), de l'Ouzbékistan (0,52%), du Kirghizistan (0,40%) et de la Russie (-5,3%).

Comparaison avec les leaders. L'agriculture du Kazakhstan était inférieure à celle de la Chine (139,0 milliards de dollars), des États-Unis (96,1 milliards de dollars), de l'Inde (91,4 milliards de dollars), du Japon (78,9 milliards de dollars) et du Brésil (36,8 milliards de dollars). L'agriculture par habitant au Kazakhstan était supérieure à celle du Brésil (228,7 de dollars), de la Chine (112,7 de dollars) et de l'Inde (95,6 de dollars); mais inférieure à celle du Japon (625,5 de dollars) et des États-Unis (363,4 de dollars). La croissance de l'agriculture au Kazakhstan était inférieure à celle de la Chine (4,3%), du Brésil (3,0%), de l'Inde (2,8%), des États-Unis (2,6%) et du Japon (-1,8%).

Les années 2000

L'agriculture du Kazakhstan était de 3,9 milliards de dollars par an dans les années 2000, se classant au 57ème rang mondial à égalité avec la Hongrie (3,8 milliards de dollars), la Norvège (4,0 milliards de dollars). La part dans le monde était de 0,25% et de 0,49% en Asie.

La part de l'agriculture dans l'économie du Kazakhstan était de 6,4% dans les années 2000, se classant au 117ème rang mondial, à égalité avec Nauru (6,5%).

L'agriculture par habitant au Kazakhstan était de 254.3 dollars dans les années 2000, se classant au 96ème rang mondial, à égalité avec le Bhoutan (253,8 de dollars), Sainte-Lucie (252,5 de dollars), l'Amérique centrale (256,8 de dollars). L'agriculture par habitant au Kazakhstan était 5,8% supérieure l'agriculture par habitant au Monde (240,3 US$), et 25,6% supérieure l'agriculture par habitant en Asie (202,4 US$).

La croissance de l'agriculture au Kazakhstan était de 4.6% dans les années 2000, au 30ème rang mondial, à égalité avec le Cambodge

Chapitre IV. Agriculture

(4,6%). La croissance de l'agriculture au Kazakhstan (4,6%) a été supérieure à celle du monde (3,0%), et supérieure à celle de l'Asie (3,1%).

Comparaison avec les voisins. L'agriculture du Kazakhstan était supérieure à celle du Kirghizistan (747,7 millions de dollars); mais inférieure à celle de la Chine (297,7 milliards de dollars), de la Russie (33,6 milliards de dollars) et de l'Ouzbékistan (7,9 milliards de dollars). L'agriculture par habitant au Kazakhstan était supérieure à celle de la Russie (232,9 de dollars), de la Chine (224,5 de dollars) et du Kirghizistan (146,9 de dollars); mais inférieure à celle de l'Ouzbékistan (298,2 de dollars). La croissance de l'agriculture au Kazakhstan était supérieure à celle de la Chine (4,0%), de la Russie (3,6%) et du Kirghizistan (2,7%); mais inférieure à celle de l'Ouzbékistan (5,8%).

Comparaison avec les leaders. La valeur ajoutée de l'agriculture au Kazakhstan était inférieure à celle de la Chine (297,7 milliards de dollars), de l'Inde (147,6 milliards de dollars), des États-Unis (122,5 milliards de dollars), du Japon (57,1 milliards de dollars) et du Nigeria (47,6 milliards de dollars). L'agriculture par habitant au Kazakhstan était supérieure à celle de la Chine (224,5 de dollars) et de l'Inde (129,7 de dollars); mais inférieure à celle du Japon (445,6 de dollars), des États-Unis (416,9 de dollars) et du Nigeria (346,4 de dollars). La croissance de l'agriculture au Kazakhstan était supérieure à celle de la Chine (4,0%), des États-Unis (3,6%), de l'Inde (2,0%) et du Japon (-1,3%); mais inférieure à celle du Nigeria (10,1%).

Les années 2010

Le secteur de l'agriculture au Kazakhstan était de 8,4 milliards de dollars par an dans les années 2010, au 50ème rang mondial. La part dans le monde était de 0,26% et de 0,44% en Asie.

La part de l'agriculture dans l'économie du Kazakhstan était de 4,9% dans les années 2010, au 124ème rang mondial.

L'agriculture par habitant au Kazakhstan était de 481.8 dollars dans les années 2010, se situant au 64ème rang mondial, à égalité avec d'Israël (481,8 de dollars), la Biélorussie (482,1 de dollars), la Grenade (481,5 de dollars). L'agriculture par habitant au Kazakhstan était 11,5% supérieure l'agriculture par habitant au Monde (432,1 US$), et 10,3% supérieure l'agriculture par habitant en Asie (436,7 US$).

La croissance de l'agriculture au Kazakhstan était de 2% dans les années 2010, au 106ème rang mondial, à égalité avec la Malaisie (2,0%), le Maroc (2,0%), l'Europe du Nord (2,0%). La croissance de l'agriculture au Kazakhstan (2,0%) a été inférieure à celle du monde (2,9%), et inférieure à celle de l'Asie (3,3%).

Comparaison avec les voisins. La valeur ajoutée de l'agriculture au Kazakhstan était 8,5 fois supérieure à celle du Kirghizistan (990,1 millions de dollars); mais 105,6 fois inférieure à celle de la Chine (886,2 milliards de dollars), 7,2 fois inférieure à celle de la Russie (60,3 milliards de dollars) et 2,3 fois inférieure à celle de l'Ouzbékistan (19,2 milliards de dollars). L'agriculture par habitant au Kazakhstan était 15,7% supérieure à celle de la Russie (416,5 de dollars) et 2,9 fois supérieure à celle du Kirghizistan (167,6 de dollars); mais 23,8% inférieure à celle de la Chine (631,9 de dollars) et 22,8% inférieure à celle de l'Ouzbékistan (624,3 de dollars). La croissance de l'agriculture au Kazakhstan était supérieure à celle du Kirghizistan (1,9%) et de la Russie (1,2%); mais inférieure à celle de l'Ouzbékistan (4,8%) et de la Chine (3,8%).

Comparaison avec les leaders. La valeur ajoutée de l'agriculture au Kazakhstan était 105,6 fois inférieure à celle de la Chine (886,2 milliards de dollars), 43,3 fois inférieure à celle de l'Inde (363,4 milliards de dollars), 21,5 fois inférieure à celle des États-Unis (180,3 milliards de dollars), 14,8 fois inférieure à celle de l'Indonésie (124,1 milliards de dollars) et 11,4 fois inférieure à celle du Nigeria (95,8 milliards de dollars). L'agriculture par habitant au Kazakhstan était 72,6% supérieure à celle de l'Inde (279,1 de dollars); mais 23,8% inférieure à celle de la Chine (631,9 de dollars), 14,6% inférieure à celle des États-Unis (564,3 de dollars), 9,9% inférieure à celle du Nigeria (534,6 de dollars) et 0,37% inférieure à celle de l'Indonésie (483,6 de dollars). La croissance de l'agriculture au Kazakhstan était inférieure à celle de l'Inde (4,1%), de l'Indonésie (3,9%), de la Chine (3,8%), du Nigeria (3,6%) et des États-Unis (2,0%).

Chapitre V. Industrie

Exploitation minière, fabrication, services publics (ISIC C-E)

L'industrie du Kazakhstan est passé de 5,2 milliards de dollars par an dans les années 1990 à 52,4 milliards de dollars par an dans les années 2010, c'est-à-dire 47,2 milliards de dollars ou de 10,0 fois. La variation a été de 39,7 milliards de dollars en raison de l'augmentation de 4,1 fois des prix, et de 6,9 milliards de dollars en raison de la croissance de productivité de 2,2 fois, et de 520,9 millions de dollars en raison de la croissance démographique. La croissance annuelle moyenne de l'industrie était de 3,0%. La valeur minimale était de 4,4 milliards de dollars en 1990. La valeur maximale était de 65,6 milliards de dollars en 2013.

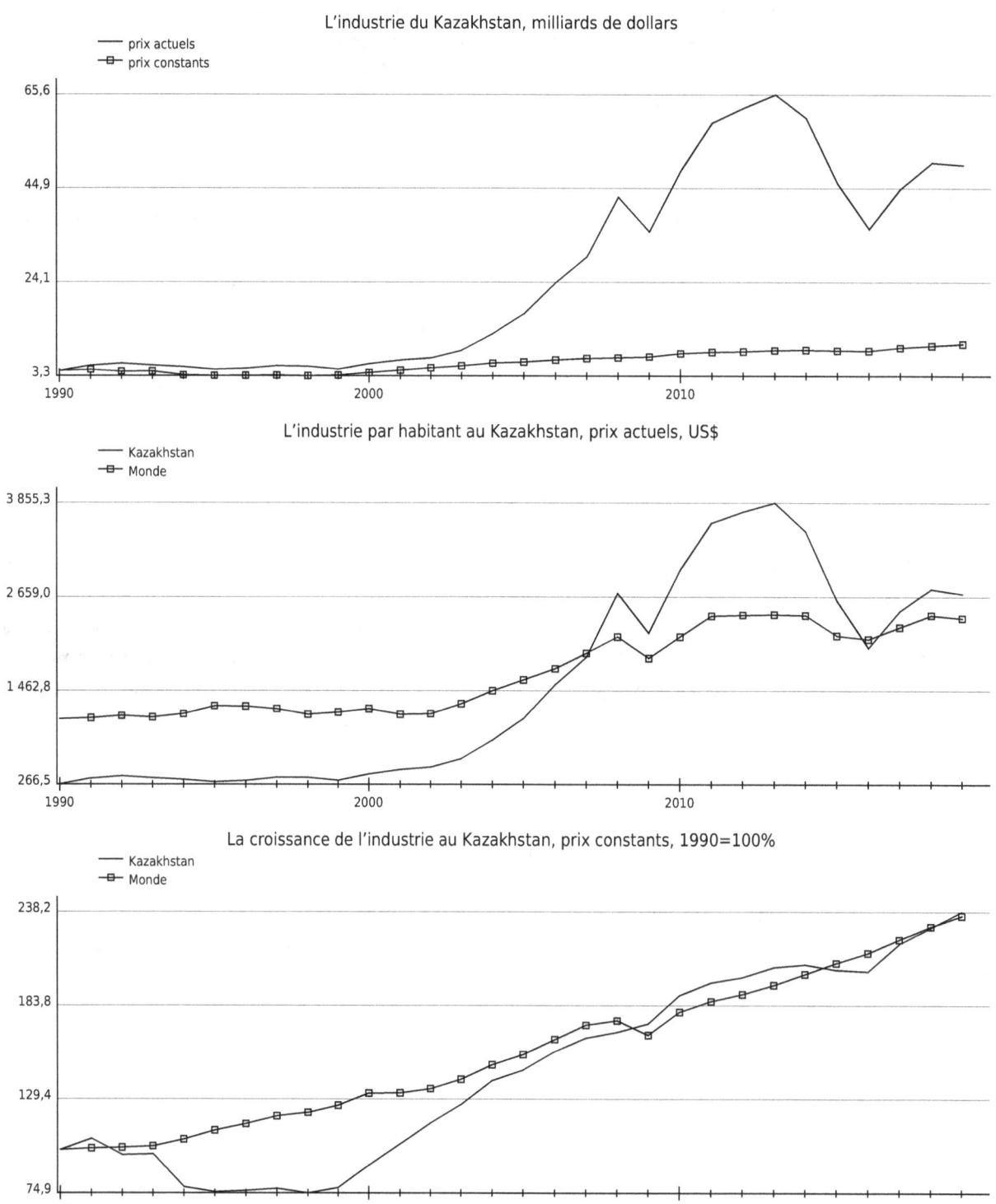

Chapitre V. Industrie

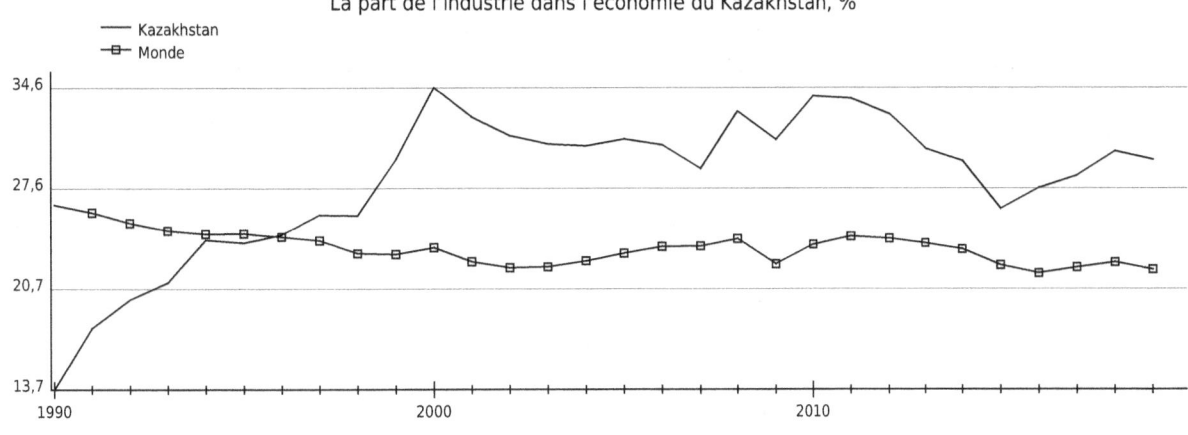
La part de l'industrie dans l'économie du Kazakhstan, %

Les années 1990

La valeur ajoutée de l'industrie au Kazakhstan était de 5,2 milliards de dollars par an dans les années 1990, se situant au 65ème rang mondial à égalité avec la Biélorussie (5,3 milliards de dollars). La part dans le monde était de 0,078% et de 0,24% en Asie.

La part de l'industrie dans l'économie du Kazakhstan était de 21,8% dans les années 1990, se situant au 107ème rang mondial, à égalité avec l'Espagne (21,8%), l'Australie (21,7%), le Royaume-Uni (21,7%).

L'industrie par habitant au Kazakhstan était de 329.2 dollars dans les années 1990, au 113ème rang mondial, à égalité avec la Bulgarie (329,9 de dollars), l'Irak (326,4 de dollars), la Mélanésie (334,4 de dollars). L'industrie par habitant au Kazakhstan était 3,6 fois inférieure l'industrie par habitant au Monde (1 175,6 US$), et 48,5% inférieure l'industrie par habitant en Asie (639,7 US$).

La croissance de l'industrie au Kazakhstan était de -2.7% dans les années 1990, se situant au 175ème rang mondial. La croissance de l'industrie au Kazakhstan (-2,7%) a été inférieure à celle du monde (2,5%), et inférieure à celle de l'Asie (5,5%).

Comparaison avec les voisins. La valeur ajoutée de l'industrie au Kazakhstan était supérieure à celle de l'Ouzbékistan (3,1 milliards de dollars) et du Kirghizistan (452,1 millions de dollars); mais inférieure à celle de la Chine (285,9 milliards de dollars) et de la Russie (138,6 milliards de dollars). L'industrie par habitant au Kazakhstan était supérieure à celle de la Chine (231,9 de dollars), de l'Ouzbékistan (135,8 de dollars) et du Kirghizistan (98,7 de dollars); mais inférieure à celle de la Russie (937,0 de dollars). La croissance de l'industrie au Kazakhstan était supérieure à celle de l'Ouzbékistan (-3,8%), de la Russie (-6,8%) et du Kirghizistan (-7,8%); mais inférieure à celle de la Chine (13,1%).

Comparaison avec les leaders. L'industrie du Kazakhstan était inférieure à celle des États-Unis (1,5 billions de dollars), du Japon (1,2 billions de dollars), de l'Allemagne (534,0 milliards de dollars), de la Chine (285,9 milliards de dollars) et du Royaume-Uni (268,6 milliards de dollars). L'industrie par habitant au Kazakhstan était supérieure à celle de la Chine (231,9 de dollars); mais inférieure à celle du Japon (9 400,9 de dollars), de l'Allemagne (6 621,6 de dollars), des États-Unis (5 704,4 de dollars) et du Royaume-Uni (4 639,8 de dollars). La croissance de l'industrie au Kazakhstan était inférieure à celle de la Chine (13,1%), des États-Unis (2,8%), du Japon (1,3%), du Royaume-Uni (1,2%) et de l'Allemagne (0,33%).

Les années 2000

L'industrie du Kazakhstan était de 19,0 milliards de dollars par an dans les années 2000, se classant au 59ème rang mondial à égalité avec le Viêt Nam (19,0 milliards de dollars), l'Est (18,6 milliards de dollars), le Pakistan (19,5 milliards de dollars). La part dans le monde était de 0,19% et de 0,51% en Asie.

La part de l'industrie dans l'économie du Kazakhstan était de 31,1% dans les années 2000, se classant au 41ème rang mondial, à égalité avec le Viêt Nam (31,3%), le Pérou (31,3%).

L'industrie par habitant au Kazakhstan était de 1238.4 dollars dans les années 2000, au 79ème rang mondial, à égalité avec la Roumanie (1 232,8 de dollars). L'industrie par habitant au Kazakhstan était 21,3% inférieure l'industrie par habitant au Monde (1 573,8 US$), et 30,1% supérieure l'industrie par habitant en Asie (951,8 US$).

La croissance de l'industrie au Kazakhstan était de 8.3% dans les années 2000, au 20ème rang mondial, à égalité avec le Lesotho (8,4%). La croissance de l'industrie au Kazakhstan (8,3%) a été supérieure à celle du monde (2,9%), et supérieure à celle de l'Asie (5,7%).

Comparaison avec les voisins. L'industrie du Kazakhstan était supérieure à celle de l'Ouzbékistan (3,0 milliards de dollars) et du Kirghizistan (468,0 millions de dollars); mais inférieure à celle de la Chine (1,1 billions de dollars) et de la Russie (207,1 milliards de dollars). L'industrie par habitant au Kazakhstan était supérieure à celle de la Chine (795,3 de dollars), de l'Ouzbékistan (115,7 de dollars) et du Kirghizistan (91,9 de dollars); mais inférieure à celle de la Russie (1 435,1 de dollars). La croissance de l'industrie au Kazakhstan était supérieure à celle de l'Ouzbékistan (4,4%), de la Russie (3,5%) et du Kirghizistan (0,040%); mais inférieure à celle de la Chine (11,1%).

Comparaison avec les leaders. Le secteur de l'industrie au Kazakhstan était inférieur à celui des États-Unis (2,1 billions de dollars), du Japon (1,1 billions de dollars), de la Chine (1,1 billions de dollars), de l'Allemagne (629,4 milliards de dollars) et du Royaume-Uni (345,1 milliards de dollars). L'industrie par habitant au Kazakhstan était supérieure à celle de la Chine (795,3 de dollars); mais inférieure à celle du Japon (8 848,8 de dollars), de l'Allemagne (7 732,1 de dollars), des États-Unis (7 144,5 de dollars) et du Royaume-Uni (5 710,8 de dollars). La croissance de l'industrie au Kazakhstan était supérieure à celle des États-Unis (1,5%), de l'Allemagne (0,19%), du Japon (0,15%) et du Royaume-Uni (-1,1%); mais inférieure à celle de la Chine (11,1%).

Les années 2010

L'industrie du Kazakhstan était de 52,4 milliards de dollars par an dans les années 2010, se classant au 47ème rang mondial à égalité avec le Viêt Nam (52,6 milliards de dollars), le Danemark (53,5 milliards de dollars). La part dans le monde était de 0,31% et de 0,64% en Asie.

La part de l'industrie dans l'économie du Kazakhstan était de 30,3% dans les années 2010, au 40ème rang mondial, à égalité avec le Paraguay (30,4%), la Biélorussie (30,2%), Saint-Marin (30,4%).

L'industrie par habitant au Kazakhstan était de 3007.4 dollars dans les années 2010, au 55ème rang mondial, à égalité avec la Pologne (3 045,0 de dollars). L'industrie par habitant au Kazakhstan était 29,6% supérieure l'industrie par habitant au Monde (2 320,9 US$), et 62,8% supérieure l'industrie par habitant en Asie (1 847,0 US$).

La croissance de l'industrie au Kazakhstan était de 3.2% dans les années 2010, se situant au 87ème rang mondial, à égalité avec le Paraguay (3,2%). La croissance de l'industrie au Kazakhstan (3,2%) a été inférieure à celle du monde (3,5%), et inférieure à celle de l'Asie (5,6%).

Comparaison avec les voisins. La valeur ajoutée de l'industrie au Kazakhstan était 4,2 fois supérieure à celle de l'Ouzbékistan (12,4 milliards de dollars) et 40,8 fois supérieure à celle du Kirghizistan (1,3 milliards de dollars); mais 70,3 fois inférieure à celle de la Chine (3,7 billions de dollars) et 7,8 fois inférieure à celle de la Russie (410,4 milliards de dollars). L'industrie par habitant au Kazakhstan était 6,1% supérieure à celle de la Russie (2 835,1 de dollars), 14,5% supérieure à celle de la Chine (2 626,2 de dollars), 7,4 fois supérieure à celle de l'Ouzbékistan (404,2 de dollars) et 13,8 fois supérieure à celle du Kirghizistan (217,5 de dollars). La croissance de l'industrie au Kazakhstan était supérieure à celle de la Russie (1,7%); mais inférieure à celle de la Chine (7,5%), de l'Ouzbékistan (6,2%) et du Kirghizistan (4,5%).

Comparaison avec les leaders. La valeur de l'industrie au Kazakhstan était 70,3 fois inférieure à celle de la Chine (3,7 billions de dollars), 52,3 fois inférieure à celle des États-Unis (2,7 billions de dollars), 22,7 fois inférieure à celle du Japon (1,2 billions de dollars), 16,0 fois inférieure à celle de l'Allemagne (840,0 milliards de dollars) et 8,5 fois inférieure à celle de l'Inde (443,4 milliards de dollars). L'industrie par habitant au Kazakhstan était 14,5% supérieure à celle de la Chine (2 626,2 de dollars) et 8,8 fois supérieure à celle de l'Inde (340,6 de dollars); mais 3,4 fois inférieure à celle de l'Allemagne (10 261,3 de dollars), 3,1 fois inférieure à celle du Japon (9 305,3 de dollars) et 2,9 fois inférieure à celle des États-Unis (8 581,2 de dollars). La croissance de l'industrie au Kazakhstan était supérieure à celle de l'Allemagne (3,2%), du Japon (2,6%) et des États-Unis (2,2%); mais inférieure à celle de la Chine (7,5%) et de l'Inde (6,5%).

Chapitre 5.1. Fabrication

(ISIC D)

Le secteur de la fabrication au Kazakhstan est passé de 2,6 milliards de dollars par an dans les années 1990 à 20,4 milliards de dollars par an dans les années 2010, c'est-à-dire 17,8 milliards de dollars ou de 7,9 fois. La variation a été de 14,4 milliards de dollars en raison de l'augmentation de 3,4 fois des prix, et de 3,1 milliards de dollars en raison de la croissance de productivité de 2,1 fois, et de 256,2 millions de dollars en raison de la croissance démographique. La croissance annuelle moyenne de l'industrie de transformation était de 3,0%. La valeur minimale était de 2,2 milliards de dollars en 1990. La valeur maximale était de 25,2 milliards de dollars en 2013.

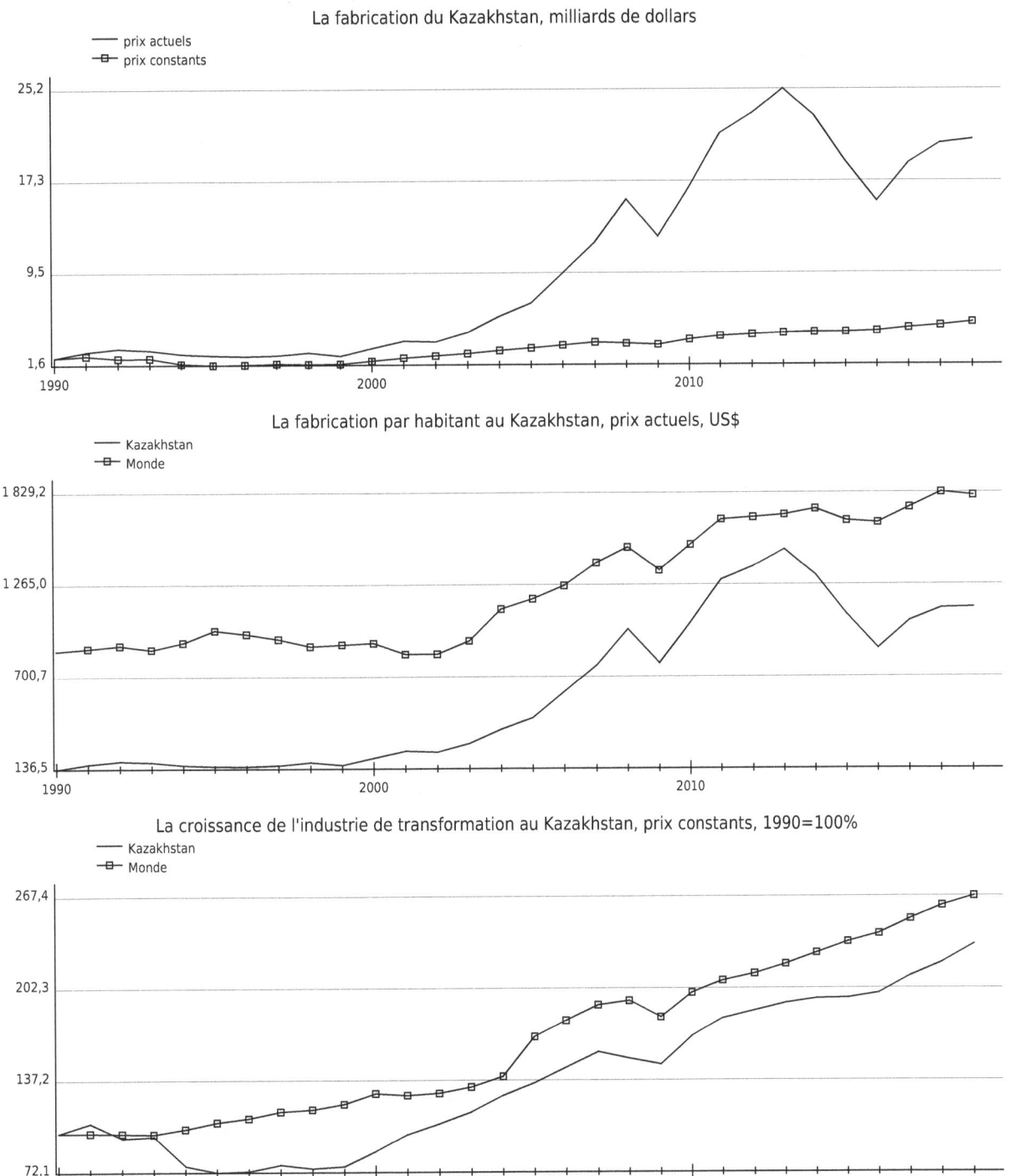

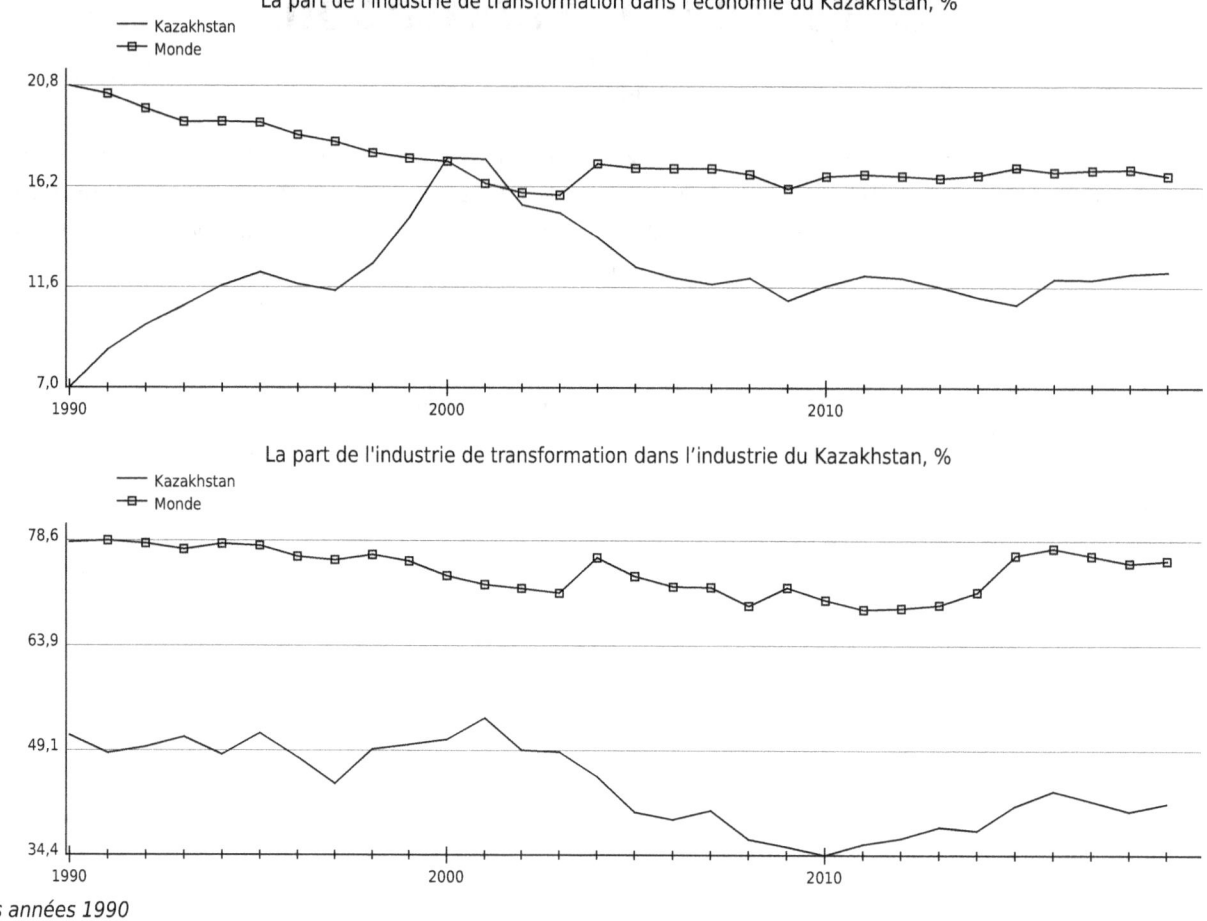

Les années 1990

Le secteur de la fabrication au Kazakhstan était de 2,6 milliards de dollars par an dans les années 1990, se situant au 70ème rang mondial à égalité avec la Corée du Nord (2,5 milliards de dollars), le Koweït (2,6 milliards de dollars). La part dans le monde était de 0,050% et de 0,16% en Asie.

La part de l'industrie de transformation dans l'économie du Kazakhstan était de 10,7% dans les années 1990, se situant au 128ème rang mondial, à égalité avec la Mauritanie (10,7%), Chypre (10,6%), le Koweït (10,6%).

La fabrication par habitant au Kazakhstan était de 161.9 dollars dans les années 1990, au 121ème rang mondial, à égalité avec d'Antigua-et-Barbuda (159,8 de dollars), l'Algérie (158,1 de dollars). La fabrication par habitant au Kazakhstan était 5,6 fois inférieure la fabrication par habitant au Monde (908,4 US$), et 2,8 fois inférieure la fabrication par habitant en Asie (456,2 US$).

La croissance de la fabrication au Kazakhstan était de -3% dans les années 1990, se situant au 173ème rang mondial. La croissance de l'industrie de transformation au Kazakhstan (-3,0%) a été inférieure à celle du monde (2,0%), et inférieure à celle de l'Asie (3,5%).

Comparaison avec les voisins. La fabrication du Kazakhstan était supérieure à celle de l'Ouzbékistan (2,0 milliards de dollars) et du Kirghizistan (401,9 millions de dollars); mais inférieure à celle de la Russie (92,7 milliards de dollars). La fabrication par habitant au Kazakhstan était supérieure à celle du Kirghizistan (87,8 de dollars) et de l'Ouzbékistan (87,7 de dollars); mais inférieure à celle de la Russie (626,6 de dollars). La croissance de la fabrication au Kazakhstan était supérieure à celle de l'Ouzbékistan (-3,8%), de la Russie (-6,8%) et du Kirghizistan (-7,6%).

Comparaison avec les leaders. La valeur ajoutée de l'industrie de transformation au Kazakhstan était inférieure à celle des États-Unis (1,2 billions de dollars), du Japon (1,0 billions de dollars), de l'Allemagne (468,8 milliards de dollars), de l'Italie (227,8 milliards de dollars) et de la France (215,0 milliards de dollars). La fabrication par habitant au Kazakhstan était inférieure à celle du Japon (8 305,2 de dollars), de l'Allemagne (5 813,5 de dollars), des États-Unis (4 707,3 de dollars), de l'Italie (3 994,1 de dollars) et de la France (3 621,1 de dollars). La croissance de l'industrie de transformation au Kazakhstan était inférieure à celle des États-Unis (3,2%), de la France (2,4%), de l'Italie (1,2%), du Japon (1,1%) et de l'Allemagne (0,26%).

Les années 2000

Chapitre 5.1. Fabrication

La valeur ajoutée de la fabrication au Kazakhstan était de 7,7 milliards de dollars par an dans les années 2000, au 57ème rang mondial. La part dans le monde était de 0,10% et de 0,30% en Asie.

La part de la fabrication dans l'économie du Kazakhstan était de 12,6% dans les années 2000, se classant au 106ème rang mondial, à égalité avec la Namibie (12,5%).

La fabrication par habitant au Kazakhstan était de 500.6 dollars dans les années 2000, au 93ème rang mondial, à égalité avec d'Anguilla (508,4 de dollars), l'Iran (490,1 de dollars). La fabrication par habitant au Kazakhstan était 2,3 fois inférieure la fabrication par habitant au Monde (1 138,1 US$), et 24,0% inférieure la fabrication par habitant en Asie (659,1 US$).

La croissance de la fabrication au Kazakhstan était de 6.9% dans les années 2000, se classant au 38ème rang mondial, à égalité avec Bahreïn (6,8%). La croissance de l'industrie de transformation au Kazakhstan (6,9%) a été supérieure à celle du monde (4,2%), et inférieure à celle de l'Asie (10,5%).

Comparaison avec les voisins. La valeur ajoutée de l'industrie de transformation au Kazakhstan était supérieure à celle de l'Ouzbékistan (2,0 milliards de dollars) et du Kirghizistan (365,3 millions de dollars); mais inférieure à celle de la Chine (1,1 billions de dollars) et de la Russie (120,8 milliards de dollars). La fabrication par habitant au Kazakhstan était supérieure à celle de l'Ouzbékistan (74,2 de dollars) et du Kirghizistan (71,8 de dollars); mais inférieure à celle de la Russie (837,1 de dollars) et de la Chine (815,3 de dollars). La croissance de la fabrication au Kazakhstan était supérieure à celle de l'Ouzbékistan (4,5%), de la Russie (3,6%) et du Kirghizistan (-1,3%).

Comparaison avec les leaders. La fabrication du Kazakhstan était inférieure à celle des États-Unis (1,6 billions de dollars), de la Chine (1,1 billions de dollars), du Japon (992,9 milliards de dollars), de l'Allemagne (551,4 milliards de dollars) et de l'Italie (277,2 milliards de dollars). La fabrication par habitant au Kazakhstan était inférieure à celle du Japon (7 746,3 de dollars), de l'Allemagne (6 773,6 de dollars), des États-Unis (5 600,5 de dollars), de l'Italie (4 780,8 de dollars) et de la Chine (815,3 de dollars). La croissance de la fabrication au Kazakhstan était supérieure à celle des États-Unis (1,6%), du Japon (0,32%), de l'Allemagne (0,097%) et de l'Italie (-1,3%).

Les années 2010

La valeur ajoutée de la fabrication au Kazakhstan était de 20,4 milliards de dollars par an dans les années 2010, se situant au 52ème rang mondial. La part dans le monde était de 0,16% et de 0,33% en Asie.

La part de la fabrication dans l'économie du Kazakhstan était de 11,8% dans les années 2010, au 104ème rang mondial, à égalité avec l'Afrique du Nord (11,8%), le Bénin (11,8%), le Burkina Faso (11,8%).

La fabrication par habitant au Kazakhstan était de 1170.2 dollars dans les années 2010, se classant au 74ème rang mondial, à égalité avec l'Amérique du Sud (1 170,9 de dollars), le Brésil (1 144,2 de dollars). La fabrication par habitant au Kazakhstan était 31,1% inférieure la fabrication par habitant au Monde (1 697,4 US$), et 16,5% inférieure la fabrication par habitant en Asie (1 401,2 US$).

La croissance de l'industrie de transformation au Kazakhstan était de 4.6% dans les années 2010, au 56ème rang mondial, à égalité avec l'Indonésie (4,6%), la Palestine (4,7%). La croissance de l'industrie de transformation au Kazakhstan (4,6%) a été supérieure à celle du monde (3,9%), et inférieure à celle de l'Asie (6,0%).

Comparaison avec les voisins. La valeur ajoutée de la fabrication au Kazakhstan était 2,3 fois supérieure à celle de l'Ouzbékistan (8,8 milliards de dollars) et 19,5 fois supérieure à celle du Kirghizistan (1,0 milliards de dollars); mais 152,8 fois inférieure à celle de la Chine (3,1 billions de dollars) et 10,4 fois inférieure à celle de la Russie (212,1 milliards de dollars). La fabrication par habitant au Kazakhstan était 4,1 fois supérieure à celle de l'Ouzbékistan (288,1 de dollars) et 6,6 fois supérieure à celle du Kirghizistan (176,9 de dollars); mais 47,3% inférieure à celle de la Chine (2 221,3 de dollars) et 20,2% inférieure à celle de la Russie (1 465,5 de dollars). La croissance de la fabrication au Kazakhstan était supérieure à celle du Kirghizistan (3,8%) et de la Russie (2,1%); mais inférieure à celle de la Chine (7,5%) et de l'Ouzbékistan (7,1%).

Comparaison avec les leaders. La fabrication du Kazakhstan était 152,8 fois inférieure à celle de la Chine (3,1 billions de dollars), 101,6 fois inférieure à celle des États-Unis (2,1 billions de dollars), 52,0 fois inférieure à celle du Japon (1,1 billions de dollars), 36,1 fois inférieure à celle de l'Allemagne (735,2 milliards de dollars) et 19,2 fois inférieure à celle de la Corée du Sud (390,5 milliards de dollars). La fabrication par habitant au Kazakhstan était 7,7 fois inférieure à celle de l'Allemagne (8 981,7 de dollars), 7,1 fois inférieure à celle du Japon (8 286,2 de dollars), 6,6 fois inférieure à celle de la Corée du Sud (7 723,3 de dollars), 5,5 fois inférieure à celle des

États-Unis (6 481,0 de dollars) et 47,3% inférieure à celle de la Chine (2 221,3 de dollars). La croissance de la fabrication au Kazakhstan était supérieure à celle de la Corée du Sud (3,8%), de l'Allemagne (3,5%), du Japon (3,0%) et des États-Unis (1,9%); mais inférieure à celle de la Chine (7,5%).

Chapitre VI. Construction

(ISIC F)

La valeur de la construction au Kazakhstan est passé de 1,7 milliards de dollars par an dans les années 1990 à 11,2 milliards de dollars par an dans les années 2010, c'est-à-dire 9,5 milliards de dollars ou de 6,7 fois. La variation a été de 5,6 milliards de dollars en raison de l'augmentation de 2,0 fois des prix, et de 3,7 milliards de dollars en raison de la croissance de productivité de 3,0 fois, et de 166,6 millions de dollars en raison de la croissance démographique. La croissance annuelle moyenne de la construction était de 2,0%. La valeur minimale était de 800,4 millions de dollars en 1999. La valeur maximale était de 14,1 milliards de dollars en 2013.

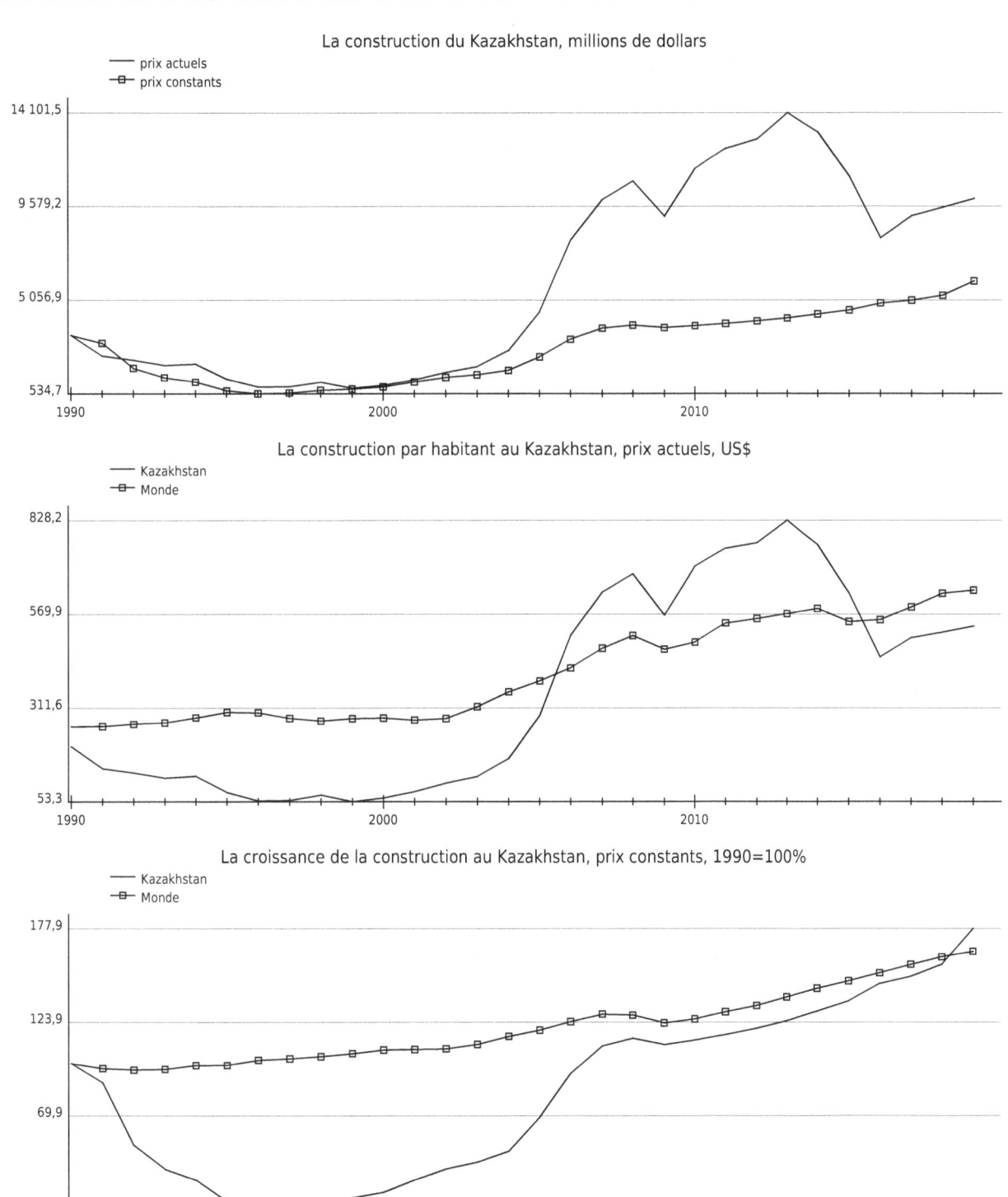

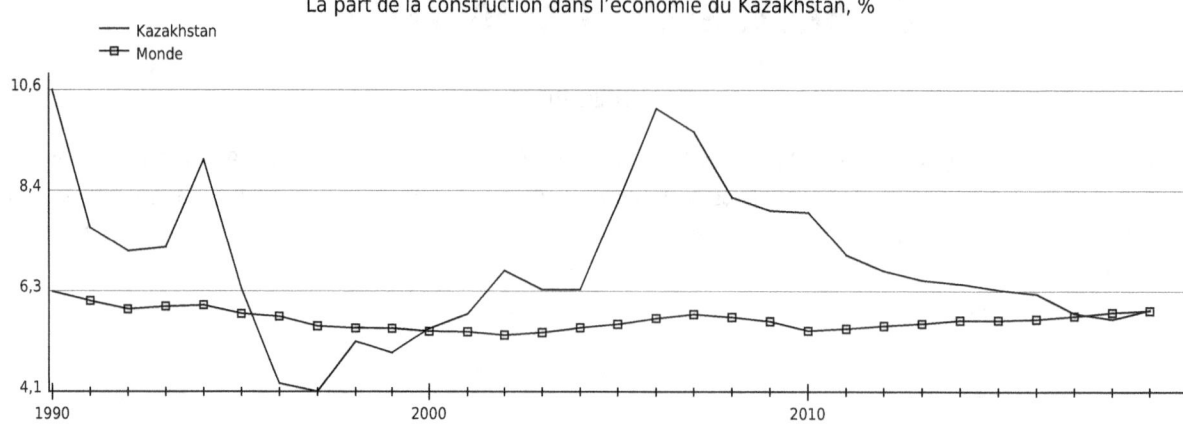

Les années 1990

Le secteur de la construction au Kazakhstan était de 1,7 milliards de dollars par an dans les années 1990, se classant au 55ème rang mondial à égalité avec le Pakistan (1,7 milliards de dollars). La part dans le monde était de 0,11% et de 0,30% en Asie.

La part de la construction dans l'économie du Kazakhstan était de 7,0% dans les années 1990, se situant au 50ème rang mondial, à égalité avec d'Israël (6,9%), la Lituanie (6,9%), la Turquie (7,0%).

La construction par habitant au Kazakhstan était de 105.3 dollars dans les années 1990, se situant au 106ème rang mondial, à égalité avec le Panama (104,5 de dollars), l'Afrique du Sud (103,4 de dollars). La construction par habitant au Kazakhstan était 2,6 fois inférieure la construction par habitant au Monde (278,6 US$), et 33,7% inférieure la construction par habitant en Asie (158,8 US$).

La croissance de la construction au Kazakhstan était de -15.2% dans les années 1990, au 201ème rang mondial, à égalité avec la république démocratique du Congo (-15,1%). La croissance de la construction au Kazakhstan (-15,2%) a été inférieure à celle du monde (0,71%), et inférieure à celle de l'Asie (2,3%).

Comparaison avec les voisins. La construction du Kazakhstan était supérieure à celle de l'Ouzbékistan (1,2 milliards de dollars) et du Kirghizistan (99,3 millions de dollars); mais inférieure à celle de la Chine (41,3 milliards de dollars) et de la Russie (34,1 milliards de dollars). La construction par habitant au Kazakhstan était supérieure à celle de l'Ouzbékistan (52,3 de dollars), de la Chine (33,5 de dollars) et du Kirghizistan (21,7 de dollars); mais inférieure à celle de la Russie (230,4 de dollars). La croissance de la construction au Kazakhstan était supérieure à celle du Kirghizistan (-16,2%); mais inférieure à celle de la Chine (9,9%), de l'Ouzbékistan (-2,9%) et de la Russie (-12,1%).

Comparaison avec les leaders. La construction du Kazakhstan était inférieure à celle du Japon (343,2 milliards de dollars), des États-Unis (299,1 milliards de dollars), de l'Allemagne (125,2 milliards de dollars), du Royaume-Uni (69,8 milliards de dollars) et de la France (68,8 milliards de dollars). La construction par habitant au Kazakhstan était inférieure à celle du Japon (2 721,7 de dollars), de l'Allemagne (1 552,3 de dollars), du Royaume-Uni (1 205,1 de dollars), de la France (1 158,8 de dollars) et des États-Unis (1 131,2 de dollars). La croissance de la construction au Kazakhstan était inférieure à celle des États-Unis (1,8%), de l'Allemagne (-0,047%), du Royaume-Uni (-0,34%), de la France (-0,65%) et du Japon (-1,0%).

Les années 2000

La valeur de la construction au Kazakhstan était de 5,0 milliards de dollars par an dans les années 2000, se classant au 47ème rang mondial à égalité avec la Nouvelle-Zélande (5,1 milliards de dollars), le Nigeria (4,9 milliards de dollars), Singapour (5,2 milliards de dollars). La part dans le monde était de 0,20% et de 0,70% en Asie.

La part de la construction dans l'économie du Kazakhstan était de 8,2% dans les années 2000, se classant au 40ème rang mondial, à égalité avec la Lettonie (8,3%), le Mali (8,3%).

La construction par habitant au Kazakhstan était de 327.8 dollars dans les années 2000, se classant au 85ème rang mondial, à égalité avec la République dominicaine (333,2 de dollars). La construction par habitant au Kazakhstan était 14,0% inférieure la construction par habitant au Monde (381,3 US$), et 80,2% supérieure la construction par habitant en Asie (181,9 US$).

La croissance de la construction au Kazakhstan était de 17.2% dans les années 2000, au 13ème rang mondial. La croissance de la construction au Kazakhstan (17,2%) a été supérieure à celle du monde (1,5%), et supérieure à celle de l'Asie (4,4%).

Chapitre VI. Construction

Comparaison avec les voisins. La valeur ajoutée de la construction au Kazakhstan était supérieure à celle de l'Ouzbékistan (909,5 millions de dollars) et du Kirghizistan (114,3 millions de dollars); mais inférieure à celle de la Chine (150,1 milliards de dollars) et de la Russie (40,5 milliards de dollars). La construction par habitant au Kazakhstan était supérieure à celle de la Russie (280,3 de dollars), de la Chine (113,1 de dollars), de l'Ouzbékistan (34,5 de dollars) et du Kirghizistan (22,5 de dollars). La croissance de la construction au Kazakhstan était supérieure à celle du Kirghizistan (13,5%), de la Chine (11,9%), de l'Ouzbékistan (9,5%) et de la Russie (8,1%).

Comparaison avec les leaders. La construction du Kazakhstan était inférieure à celle des États-Unis (583,0 milliards de dollars), du Japon (270,5 milliards de dollars), de la Chine (150,1 milliards de dollars), du Royaume-Uni (132,1 milliards de dollars) et de l'Espagne (111,8 milliards de dollars). La construction par habitant au Kazakhstan était supérieure à celle de la Chine (113,1 de dollars); mais inférieure à celle de l'Espagne (2 560,2 de dollars), du Royaume-Uni (2 186,4 de dollars), du Japon (2 110,1 de dollars) et des États-Unis (1 983,7 de dollars). La croissance de la construction au Kazakhstan était supérieure à celle de la Chine (11,9%), de l'Espagne (1,7%), du Royaume-Uni (0,17%), des États-Unis (-2,6%) et du Japon (-3,9%).

Les années 2010

Le secteur de la construction au Kazakhstan était de 11,2 milliards de dollars par an dans les années 2010, se situant au 51ème rang mondial à égalité avec la Thaïlande (11,3 milliards de dollars), la Nouvelle-Zélande (10,9 milliards de dollars). La part dans le monde était de 0,27% et de 0,64% en Asie.

La part de la construction dans l'économie du Kazakhstan était de 6,5% dans les années 2010, se classant au 84ème rang mondial, à égalité avec le Paraguay (6,4%), l'Asie (6,5%), l'Amérique du Sud (6,4%).

La construction par habitant au Kazakhstan était de 640.9 dollars dans les années 2010, au 77ème rang mondial, à égalité avec l'Équateur (644,0 de dollars), l'Amérique centrale (629,5 de dollars), la Roumanie (627,1 de dollars). La construction par habitant au Kazakhstan était 12,0% supérieure la construction par habitant au Monde (572,1 US$), et 63,1% supérieure la construction par habitant en Asie (392,9 US$).

La croissance de la construction au Kazakhstan était de 4.8% dans les années 2010, se classant au 71ème rang mondial. La croissance de la construction au Kazakhstan (4,8%) a été supérieure à celle du monde (2,9%), et inférieure à celle de l'Asie (5,6%).

Comparaison avec les voisins. La valeur ajoutée de la construction au Kazakhstan était 3,3 fois supérieure à celle de l'Ouzbékistan (3,3 milliards de dollars) et 20,8 fois supérieure à celle du Kirghizistan (537,9 millions de dollars); mais 65,5 fois inférieure à celle de la Chine (731,1 milliards de dollars) et 10,3 fois inférieure à celle de la Russie (114,9 milliards de dollars). La construction par habitant au Kazakhstan était 22,9% supérieure à celle de la Chine (521,3 de dollars), 5,9 fois supérieure à celle de l'Ouzbékistan (108,6 de dollars) et 7,0 fois supérieure à celle du Kirghizistan (91,0 de dollars); mais 19,3% inférieure à celle de la Russie (793,7 de dollars). La croissance de la construction au Kazakhstan était supérieure à celle de la Russie (1,8%); mais inférieure à celle de l'Ouzbékistan (12,8%), du Kirghizistan (9,7%) et de la Chine (8,2%).

Comparaison avec les leaders. La construction du Kazakhstan était 65,5 fois inférieure à celle de la Chine (731,1 milliards de dollars), 61,0 fois inférieure à celle des États-Unis (680,8 milliards de dollars), 25,0 fois inférieure à celle du Japon (278,7 milliards de dollars), 15,1 fois inférieure à celle de l'Inde (168,1 milliards de dollars) et 13,7 fois inférieure à celle de l'Allemagne (153,2 milliards de dollars). La construction par habitant au Kazakhstan était 22,9% supérieure à celle de la Chine (521,3 de dollars) et 5,0 fois supérieure à celle de l'Inde (129,1 de dollars); mais 3,4 fois inférieure à celle du Japon (2 178,3 de dollars), 3,3 fois inférieure à celle des États-Unis (2 130,9 de dollars) et 2,9 fois inférieure à celle de l'Allemagne (1 871,9 de dollars). La croissance de la construction au Kazakhstan était supérieure à celle de l'Allemagne (1,8%), du Japon (1,7%) et des États-Unis (1,4%); mais inférieure à celle de la Chine (8,2%) et de l'Inde (5,2%).

Chapitre VII. Transport

Transport et stockage (ISIC I)

La valeur du transport au Kazakhstan est passé de 2,4 milliards de dollars par an dans les années 1990 à 19,1 milliards de dollars par an dans les années 2010, c'est-à-dire 16,7 milliards de dollars ou de 8,0 fois. La variation a été de 12,1 milliards de dollars en raison de l'augmentation de 2,8 fois des prix, et de 4,3 milliards de dollars en raison de la croissance de productivité de 2,6 fois, et de 239,3 millions de dollars en raison de la croissance démographique. La croissance annuelle moyenne du transport était de 2,7%. La valeur minimale était de 2,0 milliards de dollars en 1992. La valeur maximale était de 24,2 milliards de dollars en 2013.

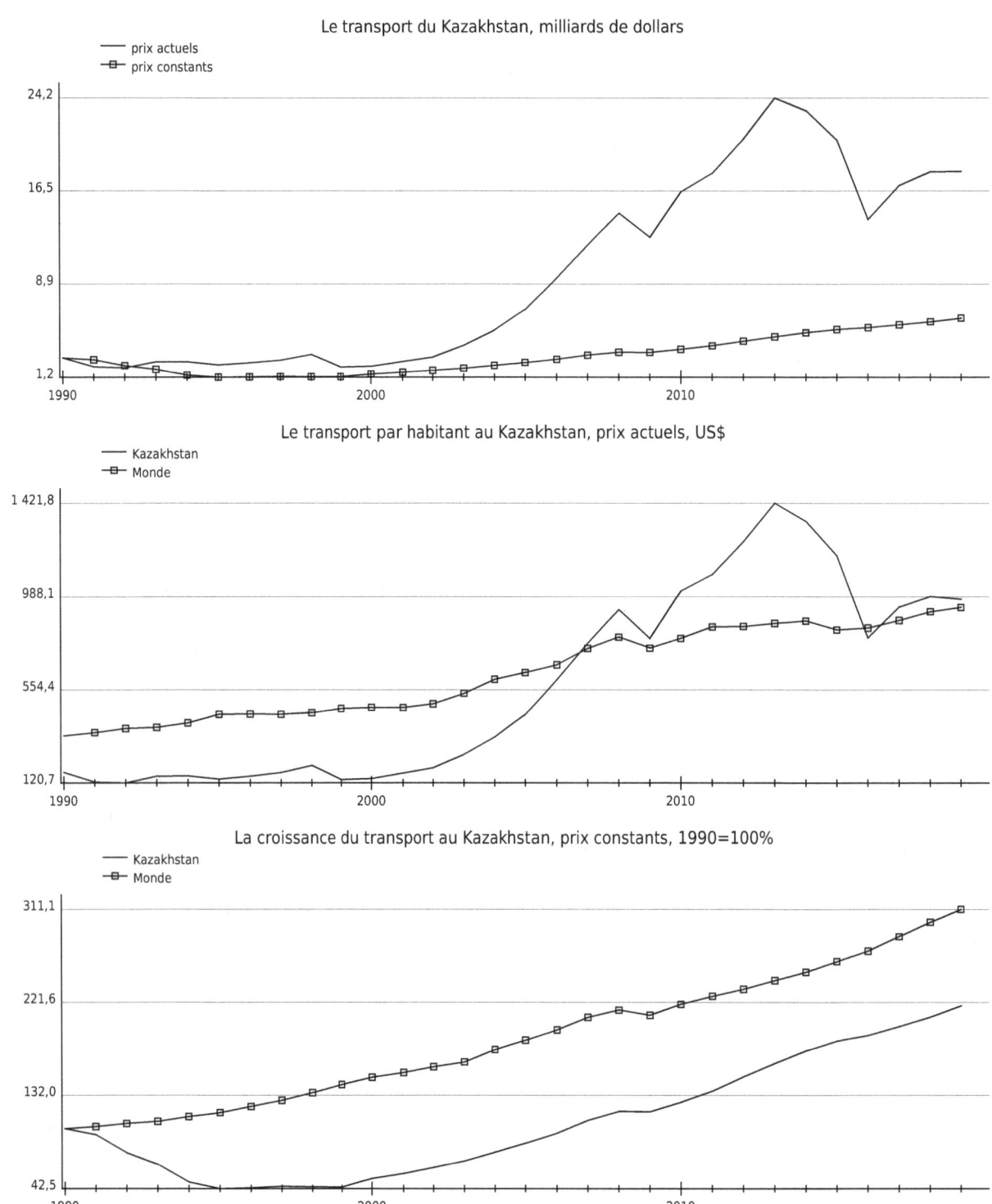

Chapitre VII. Transport

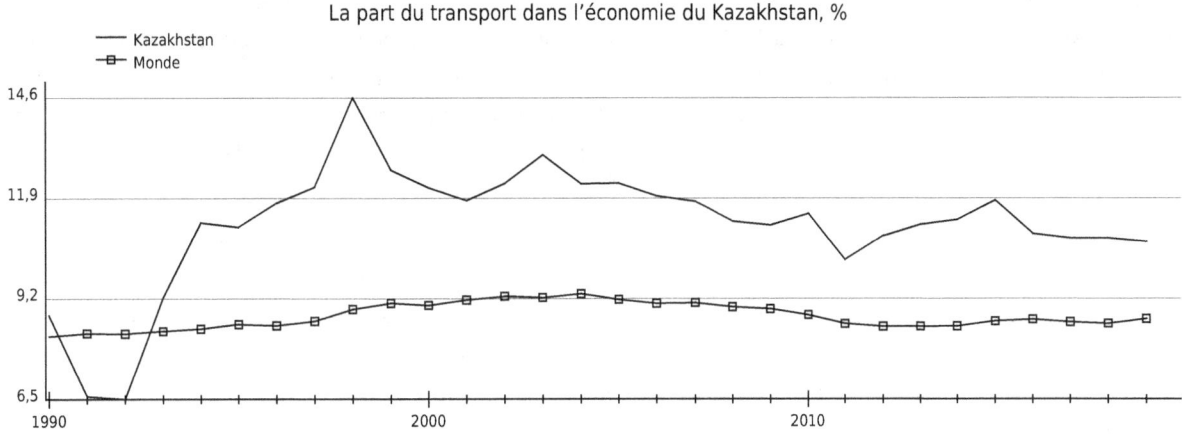

Les années 1990

La valeur ajoutée du transport au Kazakhstan était de 2,4 milliards de dollars par an dans les années 1990, se situant au 57ème rang mondial. La part dans le monde était de 0,10% et de 0,39% en Asie.

La part du transport dans l'économie du Kazakhstan était de 10,0% dans les années 1990, se classant au 51ème rang mondial, à égalité avec d'Israël (10,0%), l'Europe du Nord (9,9%), la Nouvelle-Zélande (9,9%).

Le transport par habitant au Kazakhstan était de 151.2 dollars dans les années 1990, se classant au 101ème rang mondial, à égalité avec la Micronésie (151,8 de dollars), la Biélorussie (150,4 de dollars), le Pérou (153,2 de dollars). Le transport par habitant au Kazakhstan était 2,7 fois inférieur le transport par habitant au Monde (409,5 US$), et 14,7% inférieur le transport par habitant en Asie (177,2 US$).

La croissance du transport au Kazakhstan était de -8.7% dans les années 1990, au 197ème rang mondial. La croissance du transport au Kazakhstan (-8,7%) a été inférieure à celle du monde (4,0%), et inférieure à celle de l'Asie (5,4%).

Comparaison avec les voisins. Le secteur du transport au Kazakhstan était supérieur à celui de l'Ouzbékistan (873,9 millions de dollars) et du Kirghizistan (85,3 millions de dollars); mais inférieur à celui de la Chine (40,5 milliards de dollars) et de la Russie (38,4 milliards de dollars). Le transport par habitant au Kazakhstan était supérieur à celui de l'Ouzbékistan (38,8 de dollars), de la Chine (32,9 de dollars) et du Kirghizistan (18,6 de dollars); mais inférieur à celui de la Russie (259,8 de dollars). La croissance du transport au Kazakhstan était supérieure à celle du Kirghizistan (-11,3%); mais inférieure à celle de la Chine (10,4%), de l'Ouzbékistan (-0,65%) et de la Russie (-7,1%).

Comparaison avec les leaders. Le secteur du transport au Kazakhstan était inférieur à celui des États-Unis (702,6 milliards de dollars), du Japon (373,9 milliards de dollars), de l'Allemagne (144,3 milliards de dollars), de la France (118,7 milliards de dollars) et du Royaume-Uni (117,6 milliards de dollars). Le transport par habitant au Kazakhstan était inférieur à celui du Japon (2 965,8 de dollars), des États-Unis (2 656,9 de dollars), du Royaume-Uni (2 031,3 de dollars), de la France (1 999,2 de dollars) et de l'Allemagne (1 789,0 de dollars). La croissance du transport au Kazakhstan était inférieure à celle des États-Unis (5,0%), de la France (4,8%), du Royaume-Uni (4,7%), de l'Allemagne (3,9%) et du Japon (3,0%).

Les années 2000

La valeur du transport au Kazakhstan était de 7,2 milliards de dollars par an dans les années 2000, se situant au 53ème rang mondial. La part dans le monde était de 0,18% et de 0,69% en Asie.

La part du transport dans l'économie du Kazakhstan était de 11,8% dans les années 2000, se classant au 38ème rang mondial, à égalité avec le Yémen (11,7%), Maurice (11,8%), les Maldives (11,8%).

Le transport par habitant au Kazakhstan était de 467.9 dollars dans les années 2000, se classant au 85ème rang mondial, à égalité avec Nauru (468,2 de dollars), l'Est (465,6 de dollars). Le transport par habitant au Kazakhstan était 24,7% inférieur le transport par habitant au Monde (621,1 US$), et 76,7% supérieur le transport par habitant en Asie (264,8 US$).

La croissance du transport au Kazakhstan était de 10.3% dans les années 2000, au 32ème rang mondial, à égalité avec le Liban (10,2%), l'Éthiopie (10,2%), le Burundi (10,3%). La croissance du transport au Kazakhstan (10,3%) a été supérieure à celle du monde (3,9%), et supérieure à celle de l'Asie (5,4%).

Comparaison avec les voisins. La valeur ajoutée du transport au Kazakhstan était supérieure à celle de l'Ouzbékistan (1,9 milliards de dollars) et du Kirghizistan (198,4 millions de dollars); mais inférieure à celle de la Chine (140,8 milliards de dollars) et de la Russie (65,2 milliards de dollars). Le transport par habitant au Kazakhstan était supérieur à celui de la Russie (452,0 de dollars), de la Chine (106,2 de dollars), de l'Ouzbékistan (71,2 de dollars) et du Kirghizistan (39,0 de dollars). La croissance du transport au Kazakhstan était supérieure à celle de l'Ouzbékistan (9,4%), de la Chine (8,8%) et de la Russie (4,7%); mais inférieure à celle du Kirghizistan (12,4%).

Comparaison avec les leaders. La valeur du transport au Kazakhstan était inférieure à celle des États-Unis (1,2 billions de dollars), du Japon (468,5 milliards de dollars), de l'Allemagne (228,2 milliards de dollars), du Royaume-Uni (215,9 milliards de dollars) et de la France (185,6 milliards de dollars). Le transport par habitant au Kazakhstan était inférieur à celui des États-Unis (4 029,0 de dollars), du Japon (3 655,1 de dollars), du Royaume-Uni (3 572,9 de dollars), de la France (2 955,1 de dollars) et de l'Allemagne (2 803,7 de dollars). La croissance du transport au Kazakhstan était supérieure à celle de l'Allemagne (3,4%), du Royaume-Uni (3,1%), des États-Unis (3,1%), de la France (2,7%) et du Japon (1,5%).

Les années 2010

Le secteur du transport au Kazakhstan était de 19,1 milliards de dollars par an dans les années 2010, se classant au 46ème rang mondial à égalité avec le Bangladesh (18,9 milliards de dollars). La part dans le monde était de 0,30% et de 1,0% en Asie.

La part du transport dans l'économie du Kazakhstan était de 11,0% dans les années 2010, se situant au 49ème rang mondial, à égalité avec Singapour (11,0%), la Biélorussie (11,0%), la Moldavie (11,0%).

Le transport par habitant au Kazakhstan était de 1095.4 dollars dans les années 2010, se classant au 72ème rang mondial, à égalité avec la Roumanie (1 103,0 de dollars). Le transport par habitant au Kazakhstan était 26,7% supérieur le transport par habitant au Monde (864,8 US$), et 2,5 fois supérieur le transport par habitant en Asie (430,2 US$).

La croissance du transport au Kazakhstan était de 6.5% dans les années 2010, au 53ème rang mondial, à égalité avec le Niger (6,4%), le Malawi (6,5%), d'Israël (6,5%). La croissance du transport au Kazakhstan (6,5%) a été supérieure à celle du monde (4,0%), et supérieure à celle de l'Asie (4,7%).

Comparaison avec les voisins. Le secteur du transport au Kazakhstan était 3,3 fois supérieur à celui de l'Ouzbékistan (5,8 milliards de dollars) et 35,0 fois supérieur à celui du Kirghizistan (544,8 millions de dollars); mais 24,3 fois inférieur à celui de la Chine (464,2 milliards de dollars) et 6,4 fois inférieur à celui de la Russie (122,2 milliards de dollars). Le transport par habitant au Kazakhstan était 29,7% supérieur à celui de la Russie (844,4 de dollars), 3,3 fois supérieur à celui de la Chine (331,0 de dollars), 5,8 fois supérieur à celui de l'Ouzbékistan (189,6 de dollars) et 11,9 fois supérieur à celui du Kirghizistan (92,2 de dollars). La croissance du transport au Kazakhstan était supérieure à celle du Kirghizistan (3,6%) et de la Russie (2,0%); mais inférieure à celle de l'Ouzbékistan (7,6%) et de la Chine (7,5%).

Comparaison avec les leaders. La valeur du transport au Kazakhstan était 93,7 fois inférieure à celle des États-Unis (1,8 billions de dollars), 27,8 fois inférieure à celle du Japon (529,8 milliards de dollars), 24,3 fois inférieure à celle de la Chine (464,2 milliards de dollars), 15,7 fois inférieure à celle de l'Allemagne (300,0 milliards de dollars) et 13,5 fois inférieure à celle du Royaume-Uni (257,7 milliards de dollars). Le transport par habitant au Kazakhstan était 3,3 fois supérieur à celui de la Chine (331,0 de dollars); mais 5,1 fois inférieur à celui des États-Unis (5 597,8 de dollars), 3,8 fois inférieur à celui du Japon (4 141,7 de dollars), 3,6 fois inférieur à celui du Royaume-Uni (3 929,2 de dollars) et 3,3 fois inférieur à celui de l'Allemagne (3 665,2 de dollars). La croissance du transport au Kazakhstan était supérieure à celle des États-Unis (5,1%), du Royaume-Uni (2,8%), de l'Allemagne (2,7%) et du Japon (0,81%); mais inférieure à celle de la Chine (7,5%).

Chapitre VIII. Commerce

Commerce de gros et de détail; restaurants et hôtels (ISIC G-H)

Le secteur du commerce au Kazakhstan est passé de 3,0 milliards de dollars par an dans les années 1990 à 30,9 milliards de dollars par an dans les années 2010, c'est-à-dire 27,9 milliards de dollars ou de 10,4 fois. La variation a été de 20,4 milliards de dollars en raison de l'augmentation de 2,9 fois des prix, et de 7,3 milliards de dollars en raison de la croissance de productivité de 3,2 fois, et de 296,8 millions de dollars en raison de la croissance démographique. La croissance annuelle moyenne du commerce était de 4,4%. La valeur minimale était de 2,3 milliards de dollars en 1991. La valeur maximale était de 37,6 milliards de dollars en 2013.

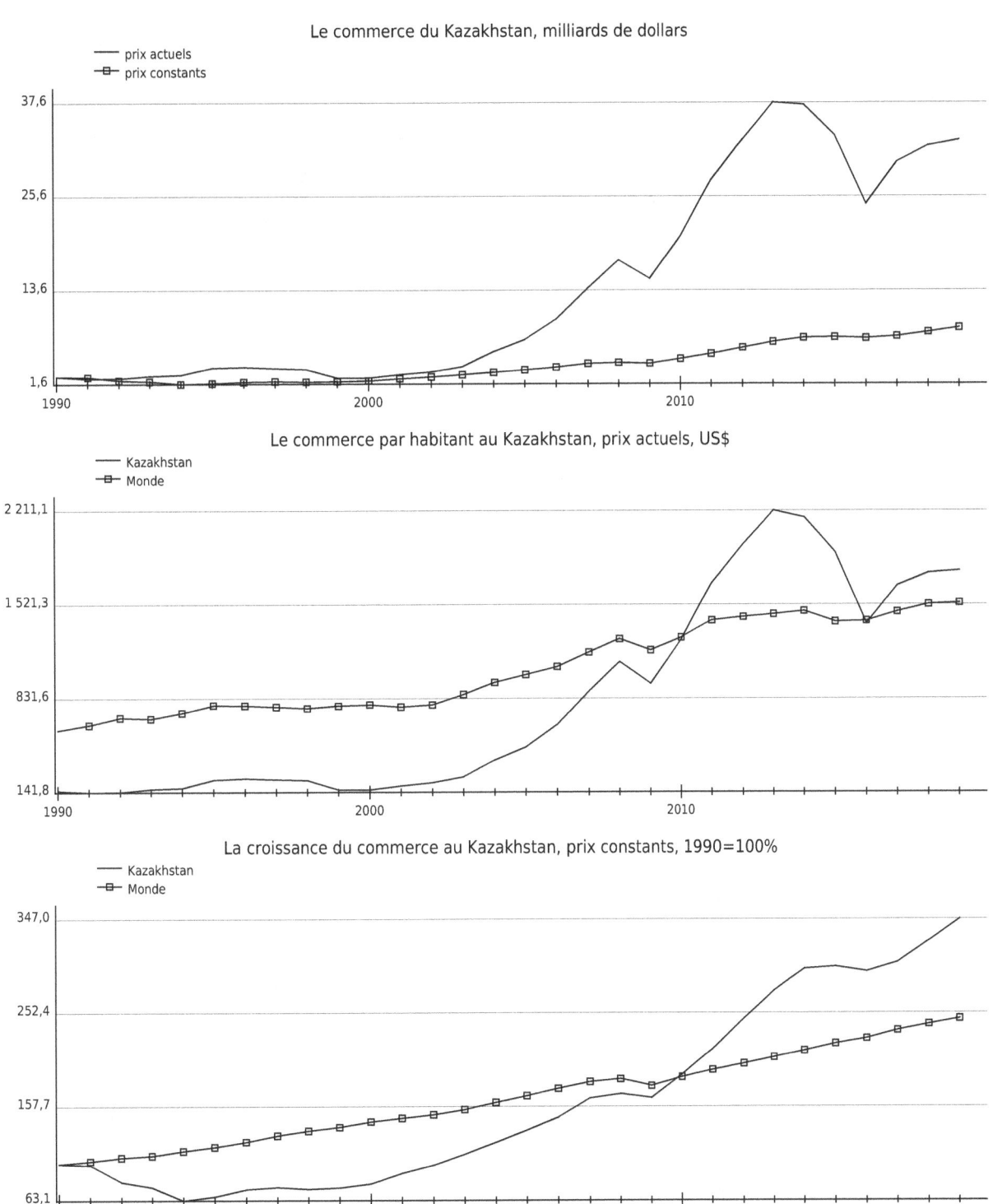

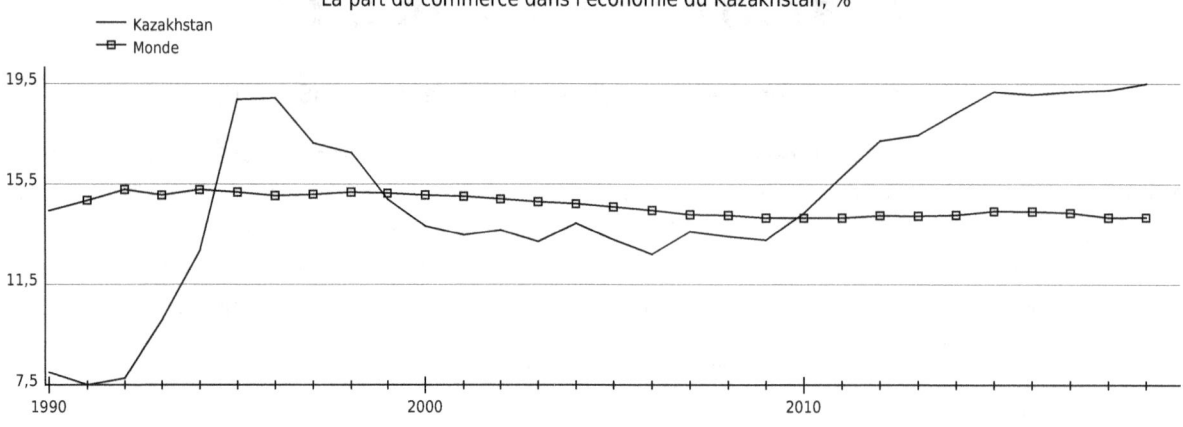

La part du commerce dans l'économie du Kazakhstan, %

Les années 1990

Le secteur du commerce au Kazakhstan était de 3,0 milliards de dollars par an dans les années 1990, se classant au 62ème rang mondial. La part dans le monde était de 0,072% et de 0,25% en Asie.

La part du commerce dans l'économie du Kazakhstan était de 12,4% dans les années 1990, se classant au 141ème rang mondial, à égalité avec l'Asie du Sud (12,4%), le Lesotho (12,4%), la Corée du Sud (12,4%).

Le commerce par habitant au Kazakhstan était de 187.5 dollars dans les années 1990, se situant au 124ème rang mondial, à égalité avec les Samoa (187,1 de dollars), l'Afrique du Nord (189,4 de dollars). Le commerce par habitant au Kazakhstan était 3,8 fois inférieur le commerce par habitant au Monde (721,8 US$), et 44,4% inférieur le commerce par habitant en Asie (337,1 US$).

La croissance du commerce au Kazakhstan était de -3% dans les années 1990, se situant au 187ème rang mondial, à égalité avec la république du Congo (-3,1%). La croissance du commerce au Kazakhstan (-3,0%) a été inférieure à celle du monde (3,5%), et inférieure à celle de l'Asie (4,9%).

Comparaison avec les voisins. La valeur ajoutée du commerce au Kazakhstan était supérieure à celle de l'Ouzbékistan (1,4 milliards de dollars) et du Kirghizistan (159,2 millions de dollars); mais inférieure à celle de la Russie (73,9 milliards de dollars) et de la Chine (71,6 milliards de dollars). Le commerce par habitant au Kazakhstan était supérieur à celui de l'Ouzbékistan (60,8 de dollars), de la Chine (58,1 de dollars) et du Kirghizistan (34,8 de dollars); mais inférieur à celui de la Russie (499,6 de dollars). La croissance du commerce au Kazakhstan était supérieure à celle du Kirghizistan (-6,9%); mais inférieure à celle de la Chine (7,7%), de l'Ouzbékistan (1,6%) et de la Russie (-1,9%).

Comparaison avec les leaders. La valeur ajoutée du commerce au Kazakhstan était inférieure à celle des États-Unis (1,2 billions de dollars), du Japon (713,2 milliards de dollars), de l'Allemagne (243,7 milliards de dollars), de l'Italie (185,6 milliards de dollars) et de la France (177,0 milliards de dollars). Le commerce par habitant au Kazakhstan était inférieur à celui du Japon (5 656,5 de dollars), des États-Unis (4 395,6 de dollars), de l'Italie (3 255,0 de dollars), de l'Allemagne (3 021,8 de dollars) et de la France (2 980,3 de dollars). La croissance du commerce au Kazakhstan était inférieure à celle des États-Unis (4,3%), du Japon (3,8%), de l'Allemagne (2,5%), de la France (2,4%) et de l'Italie (1,9%).

Les années 2000

La valeur du commerce au Kazakhstan était de 8,2 milliards de dollars par an dans les années 2000, se classant au 58ème rang mondial. La part dans le monde était de 0,13% et de 0,47% en Asie.

La part du commerce dans l'économie du Kazakhstan était de 13,3% dans les années 2000, se situant au 140ème rang mondial, à égalité avec le Mozambique (13,3%), l'Europe du Nord (13,2%).

Le commerce par habitant au Kazakhstan était de 530.2 dollars dans les années 2000, se situant au 103ème rang mondial, à égalité avec Nauru (532,3 de dollars), la Roumanie (536,4 de dollars), la Thaïlande (536,8 de dollars). Le commerce par habitant au Kazakhstan était 46,5% inférieur le commerce par habitant au Monde (990,3 US$), et 20,9% supérieur le commerce par habitant en Asie (438,7 US$).

La croissance du commerce au Kazakhstan était de 8.2% dans les années 2000, se situant au 32ème rang mondial. La croissance du commerce au Kazakhstan (8,2%) a été supérieure à celle du monde (2,7%), et supérieure à celle de l'Asie (4,5%).

Chapitre VIII. Commerce

Comparaison avec les voisins. La valeur du commerce au Kazakhstan était supérieure à celle de l'Ouzbékistan (1,7 milliards de dollars) et du Kirghizistan (483,3 millions de dollars); mais inférieure à celle de la Chine (262,0 milliards de dollars) et de la Russie (143,6 milliards de dollars). Le commerce par habitant au Kazakhstan était supérieur à celui de la Chine (197,5 de dollars), du Kirghizistan (94,9 de dollars) et de l'Ouzbékistan (64,3 de dollars); mais inférieur à celui de la Russie (995,4 de dollars). La croissance du commerce au Kazakhstan était inférieure à celle de la Chine (11,9%), du Kirghizistan (11,7%), de l'Ouzbékistan (9,9%) et de la Russie (8,4%).

Comparaison avec les leaders. Le secteur du commerce au Kazakhstan était inférieur à celui des États-Unis (1,9 billions de dollars), du Japon (771,8 milliards de dollars), de l'Allemagne (296,0 milliards de dollars), du Royaume-Uni (293,5 milliards de dollars) et de la Chine (262,0 milliards de dollars). Le commerce par habitant au Kazakhstan était supérieur à celui de la Chine (197,5 de dollars); mais inférieur à celui des États-Unis (6 383,1 de dollars), du Japon (6 021,3 de dollars), du Royaume-Uni (4 856,7 de dollars) et de l'Allemagne (3 637,0 de dollars). La croissance du commerce au Kazakhstan était supérieure à celle de l'Allemagne (1,7%), du Royaume-Uni (1,3%), des États-Unis (1,1%) et du Japon (-0,77%); mais inférieure à celle de la Chine (11,9%).

Les années 2010

Le secteur du commerce au Kazakhstan était de 30,9 milliards de dollars par an dans les années 2010, au 44ème rang mondial. La part dans le monde était de 0,29% et de 0,85% en Asie.

La part du commerce dans l'économie du Kazakhstan était de 17,9% dans les années 2010, au 67ème rang mondial, à égalité avec le Timor oriental (17,9%), le Yémen (17,9%), la Suisse (17,8%).

Le commerce par habitant au Kazakhstan était de 1775.1 dollars dans les années 2010, se classant au 78ème rang mondial, à égalité avec le Koweït (1 765,9 de dollars), Cuba (1 804,1 de dollars). Le commerce par habitant au Kazakhstan était 23,5% supérieur le commerce par habitant au Monde (1 436,8 US$), et 2,2 fois supérieur le commerce par habitant en Asie (821,1 US$).

La croissance du commerce au Kazakhstan était de 7.6% dans les années 2010, au 18ème rang mondial. La croissance du commerce au Kazakhstan (7,6%) a été supérieure à celle du monde (3,3%), et supérieure à celle de l'Asie (5,6%).

Comparaison avec les voisins. La valeur du commerce au Kazakhstan était 6,4 fois supérieure à celle de l'Ouzbékistan (4,8 milliards de dollars) et 23,2 fois supérieure à celle du Kirghizistan (1,3 milliards de dollars); mais 38,6 fois inférieure à celle de la Chine (1,2 billions de dollars) et 9,0 fois inférieure à celle de la Russie (277,2 milliards de dollars). Le commerce par habitant au Kazakhstan était 2,1 fois supérieur à celui de la Chine (851,7 de dollars), 7,9 fois supérieur à celui du Kirghizistan (225,3 de dollars) et 11,3 fois supérieur à celui de l'Ouzbékistan (156,8 de dollars); mais 7,3% inférieur à celui de la Russie (1 914,6 de dollars). La croissance du commerce au Kazakhstan était supérieure à celle du Kirghizistan (6,4%) et de la Russie (1,7%); mais inférieure à celle de l'Ouzbékistan (9,6%) et de la Chine (8,9%).

Comparaison avec les leaders. Le commerce du Kazakhstan était 84,6 fois inférieur à celui des États-Unis (2,6 billions de dollars), 38,6 fois inférieur à celui de la Chine (1,2 billions de dollars), 28,1 fois inférieur à celui du Japon (869,5 milliards de dollars), 12,1 fois inférieur à celui de l'Allemagne (372,6 milliards de dollars) et 10,7 fois inférieur à celui du Royaume-Uni (330,0 milliards de dollars). Le commerce par habitant au Kazakhstan était 2,1 fois supérieur à celui de la Chine (851,7 de dollars); mais 4,6 fois inférieur à celui des États-Unis (8 186,4 de dollars), 3,8 fois inférieur à celui du Japon (6 797,1 de dollars), 2,8 fois inférieur à celui du Royaume-Uni (5 030,4 de dollars) et 2,6 fois inférieur à celui de l'Allemagne (4 551,8 de dollars). La croissance du commerce au Kazakhstan était supérieure à celle du Royaume-Uni (2,8%), des États-Unis (2,3%), de l'Allemagne (2,0%) et du Japon (0,77%); mais inférieure à celle de la Chine (8,9%).

Chapitre IX. Services

(ISIC J-P)

Le secteur des services au Kazakhstan est passé de 7,4 milliards de dollars par an dans les années 1990 à 51,0 milliards de dollars par an dans les années 2010, c'est-à-dire 43,5 milliards de dollars ou de 6,9 fois. La variation a été de 32,5 milliards de dollars en raison de l'augmentation de 2,8 fois des prix, et de 10,3 milliards de dollars en raison de la croissance de productivité de 2,3 fois, et de 743,1 millions de dollars en raison de la croissance démographique. La croissance annuelle moyenne des services était de 2,5%. La valeur minimale était de 4,4 milliards de dollars en 2000. La valeur maximale était de 64,0 milliards de dollars en 2013.

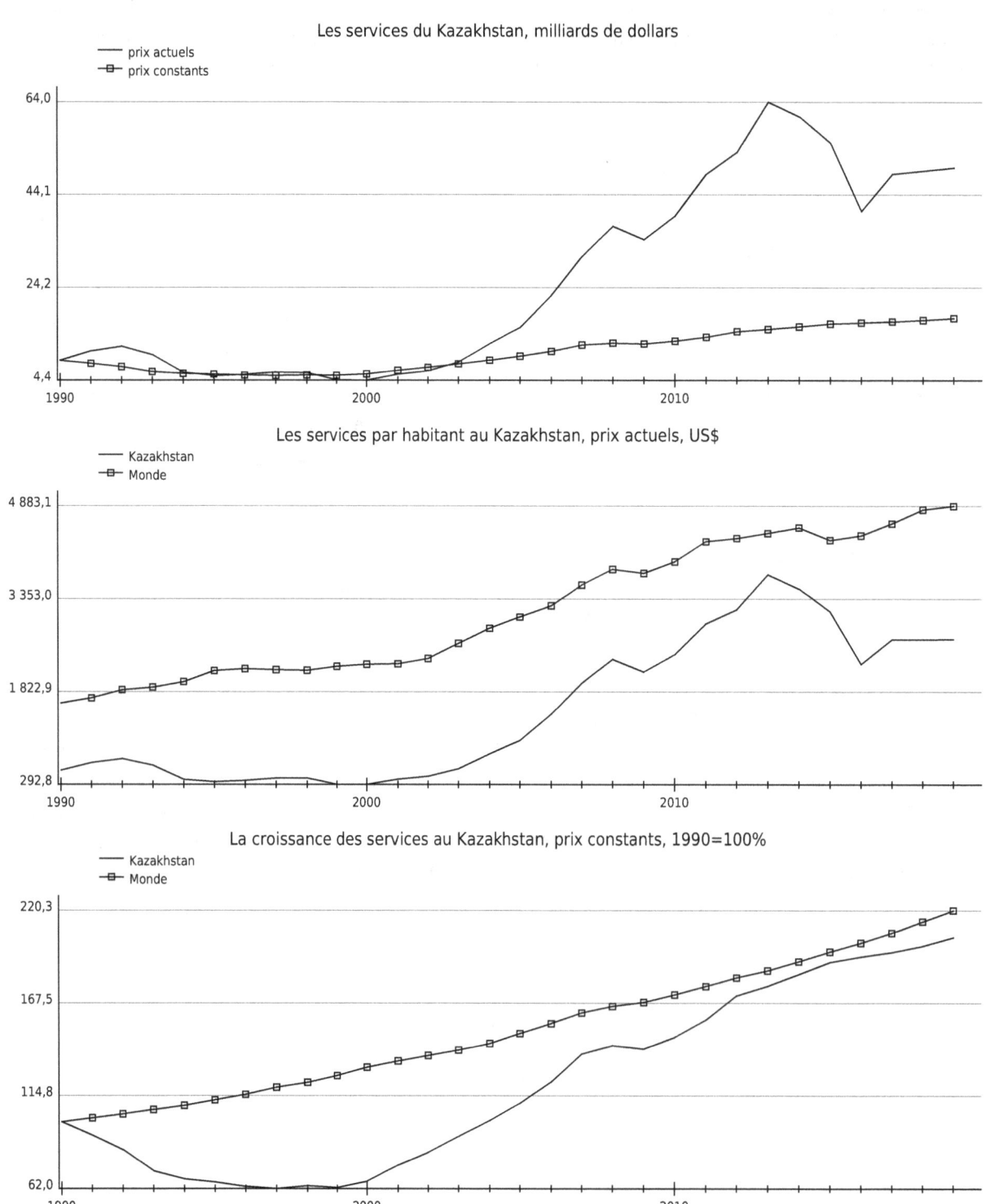

Chapitre IX. Services

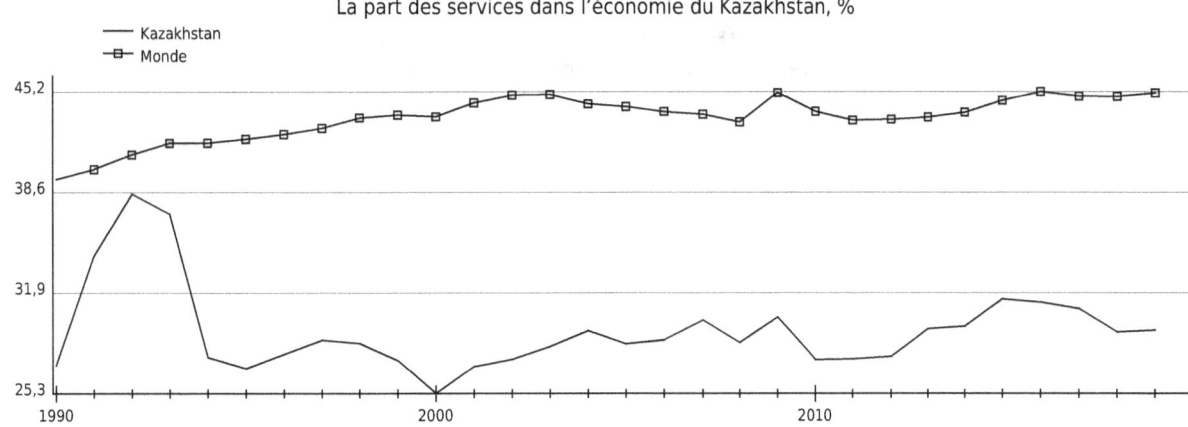

Les années 1990

Les services du Kazakhstan étaient de 7,4 milliards de dollars par an dans les années 1990, se situant au 61ème rang mondial à égalité avec l'Uruguay (7,5 milliards de dollars). La part dans le monde était de 0,065% et de 0,29% en Asie.

La part des services dans l'économie du Kazakhstan était de 31,0% dans les années 1990, se situant au 108ème rang mondial, à égalité avec le Cameroun (31,0%), le Belize (31,2%), le Nicaragua (30,8%).

Les services par habitant au Kazakhstan étaient de 469.6 dollars dans les années 1990, se classant au 117ème rang mondial, à égalité avec le Kosovo (471,3 de dollars). Les services par habitant au Kazakhstan étaient 4,3 fois inférieures les services par habitant au Monde (2 014,6 US$), et 35,9% inférieures les services par habitant en Asie (732,9 US$).

La croissance des services au Kazakhstan était de -5.1% dans les années 1990, se situant au 198ème rang mondial. La croissance des services au Kazakhstan (-5,1%) a été inférieure à celle du monde (2,7%), et inférieure à celle de l'Asie (4,5%).

Comparaison avec les voisins. Les services du Kazakhstan étaient supérieures à celles de l'Ouzbékistan (2,7 milliards de dollars) et du Kirghizistan (275,3 millions de dollars); mais inférieures à celles de la Chine (138,4 milliards de dollars) et de la Russie (71,4 milliards de dollars). Les services par habitant au Kazakhstan étaient supérieures à celles de l'Ouzbékistan (118,2 de dollars), de la Chine (112,3 de dollars) et du Kirghizistan (60,1 de dollars); mais inférieures à celles de la Russie (482,5 de dollars). La croissance des services au Kazakhstan était inférieure à celle de la Chine (10,0%), de l'Ouzbékistan (-0,41%), de la Russie (-1,2%) et du Kirghizistan (-2,7%).

Comparaison avec les leaders. La valeur ajoutée des services au Kazakhstan était inférieure à celle des États-Unis (3,8 billions de dollars), du Japon (1,6 billions de dollars), de l'Allemagne (908,0 milliards de dollars), de la France (628,2 milliards de dollars) et du Royaume-Uni (592,3 milliards de dollars). Les services par habitant au Kazakhstan étaient inférieures à celles des États-Unis (14 354,4 de dollars), du Japon (12 820,4 de dollars), de l'Allemagne (11 259,5 de dollars), de la France (10 578,2 de dollars) et du Royaume-Uni (10 233,8 de dollars). La croissance des services au Kazakhstan était inférieure à celle de l'Allemagne (3,2%), du Royaume-Uni (3,0%), des États-Unis (2,3%), du Japon (1,7%) et de la France (1,6%).

Les années 2000

Le secteur des services au Kazakhstan était de 17,8 milliards de dollars par an dans les années 2000, se classant au 58ème rang mondial à égalité avec le Bangladesh (18,0 milliards de dollars). La part dans le monde était de 0,091% et de 0,42% en Asie.

La part des services dans l'économie du Kazakhstan était de 29,1% dans les années 2000, se classant au 131ème rang mondial, à égalité avec l'Asie du Sud (29,1%), le Burundi (29,2%), le Bangladesh (29,0%).

Les services par habitant au Kazakhstan étaient de 1157.8 dollars dans les années 2000, se classant au 105ème rang mondial, à égalité avec la Colombie (1 187,0 de dollars). Les services par habitant au Kazakhstan étaient 2,6 fois inférieures les services par habitant au Monde (3 011,2 US$), et 8,0% supérieures les services par habitant en Asie (1 071,6 US$).

La croissance des Services au Kazakhstan était de 8.5% dans les années 2000, se classant au 15ème rang mondial, à égalité avec le Rwanda (8,4%), Macao (8,4%), l'Éthiopie (8,5%). La croissance des services au Kazakhstan (8,5%) a été supérieure à celle du monde (2,9%), et supérieure à celle de l'Asie (5,5%).

Comparaison avec les voisins. Les services du Kazakhstan étaient supérieures à celles de l'Ouzbékistan (3,2 milliards de dollars) et du Kirghizistan (495,7 millions de dollars); mais inférieures à celles de la Chine (686,4 milliards de dollars) et de la Russie (195,9 milliards de dollars). Les services par habitant au Kazakhstan étaient supérieures à celles de la Chine (517,4 de dollars), de l'Ouzbékistan (122,8 de dollars) et du Kirghizistan (97,4 de dollars); mais inférieures à celles de la Russie (1 357,8 de dollars). La croissance des services au Kazakhstan était supérieure à celle de l'Ouzbékistan (4,5%), de la Russie (4,3%) et du Kirghizistan (2,9%); mais inférieure à celle de la Chine (11,6%).

Comparaison avec les leaders. Le secteur des services au Kazakhstan était inférieur à celui des États-Unis (6,7 billions de dollars), du Japon (2,0 billions de dollars), de l'Allemagne (1,2 billions de dollars), du Royaume-Uni (1,1 billions de dollars) et de la France (997,0 milliards de dollars). Les services par habitant au Kazakhstan étaient inférieures à celles des États-Unis (22 883,5 de dollars), du Royaume-Uni (18 012,4 de dollars), de la France (15 875,1 de dollars), du Japon (15 302,2 de dollars) et de l'Allemagne (14 979,9 de dollars). La croissance des services au Kazakhstan était supérieure à celle du Royaume-Uni (2,7%), des États-Unis (2,0%), de la France (1,5%), du Japon (1,2%) et de l'Allemagne (0,57%).

Les années 2010

La valeur ajoutée des services au Kazakhstan était de 51,0 milliards de dollars par an dans les années 2010, se classant au 54ème rang mondial à égalité avec le Koweït (51,1 milliards de dollars), l'Irak (51,1 milliards de dollars), la Hongrie (50,1 milliards de dollars). La part dans le monde était de 0,16% et de 0,54% en Asie.

La part des services dans l'économie du Kazakhstan était de 29,5% dans les années 2010, au 144ème rang mondial, à égalité avec l'Iran (29,5%), le Kenya (29,4%), les Samoa (29,6%).

Les services par habitant au Kazakhstan étaient de 2925.3 dollars dans les années 2010, se situant au 86ème rang mondial, à égalité avec les Caraïbes (2 931,8 de dollars), Cuba (2 916,0 de dollars). Les services par habitant au Kazakhstan étaient 34,5% inférieures les services par habitant au Monde (4 467,8 US$), et 36,8% supérieures les services par habitant en Asie (2 137,6 US$).

La croissance des services au Kazakhstan était de 3.8% dans les années 2010, au 87ème rang mondial. La croissance des services au Kazakhstan (3,8%) a été supérieure à celle du monde (2,7%), et inférieure à celle de l'Asie (5,4%).

Comparaison avec les voisins. Le secteur des services au Kazakhstan était 4,0 fois supérieur à celui de l'Ouzbékistan (12,8 milliards de dollars) et 30,9 fois supérieur à celui du Kirghizistan (1,6 milliards de dollars); mais 69,6 fois inférieur à celui de la Chine (3,5 billions de dollars) et 11,3 fois inférieur à celui de la Russie (577,3 milliards de dollars). Les services par habitant au Kazakhstan étaient 15,7% supérieures à celles de la Chine (2 529,2 de dollars), 7,0 fois supérieures à celles de l'Ouzbékistan (415,9 de dollars) et 10,5 fois supérieures à celles du Kirghizistan (278,8 de dollars); mais 26,6% inférieures à celles de la Russie (3 987,9 de dollars). La croissance des services au Kazakhstan était supérieure à celle de la Russie (1,5%) et du Kirghizistan (1,4%); mais inférieure à celle de la Chine (8,4%) et de l'Ouzbékistan (8,2%).

Comparaison avec les leaders. Le secteur des services au Kazakhstan était 195,4 fois inférieur à celui des États-Unis (10,0 billions de dollars), 69,6 fois inférieur à celui de la Chine (3,5 billions de dollars), 44,6 fois inférieur à celui du Japon (2,3 billions de dollars), 31,5 fois inférieur à celui de l'Allemagne (1,6 billions de dollars) et 26,6 fois inférieur à celui du Royaume-Uni (1,4 billions de dollars). Les services par habitant au Kazakhstan étaient 15,7% supérieures à celles de la Chine (2 529,2 de dollars); mais 10,7 fois inférieures à celles des États-Unis (31 159,6 de dollars), 7,1 fois inférieures à celles du Royaume-Uni (20 663,8 de dollars), 6,7 fois inférieures à celles de l'Allemagne (19 637,7 de dollars) et 6,1 fois inférieures à celles du Japon (17 771,8 de dollars). La croissance des services au Kazakhstan était supérieure à celle des États-Unis (1,8%), du Royaume-Uni (1,7%), de l'Allemagne (1,2%) et du Japon (0,99%); mais inférieure à celle de la Chine (8,4%).

Partie III. Relations extérieures

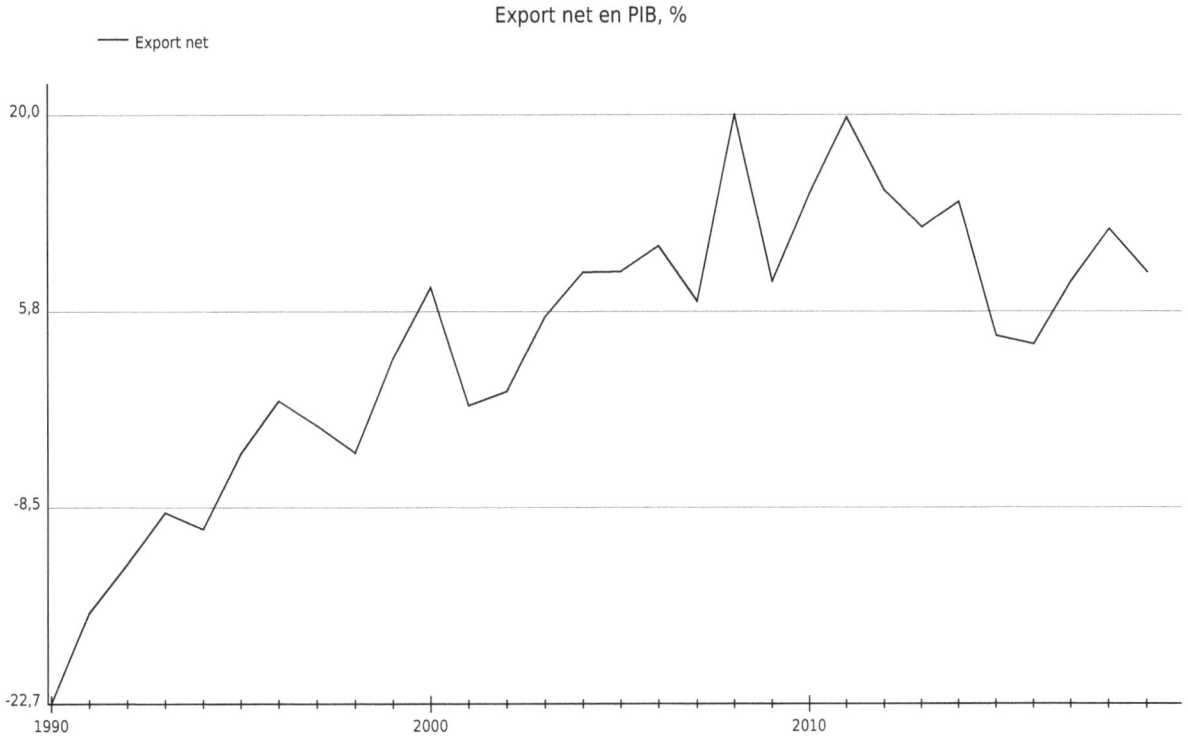

Chapitre X. Exportations

La valeur des exportations au Kazakhstan est passé de 8,5 milliards de dollars par an dans les années 1990 à 70,9 milliards de dollars par an dans les années 2010, c'est-à-dire 62,4 milliards de dollars ou de 8,3 fois. La variation a été de 56,3 milliards de dollars en raison de l'augmentation de 4,9 fois des prix, et de 5,2 milliards de dollars en raison de la croissance du taux par habitant de 1,6 fois, et de 848,9 millions de dollars en raison de la croissance démographique. La croissance annuelle moyenne des exportations était de 1,3%. La valeur minimale était de 2,3 milliards de dollars en 1990. La valeur maximale était de 91,7 milliards de dollars en 2012.

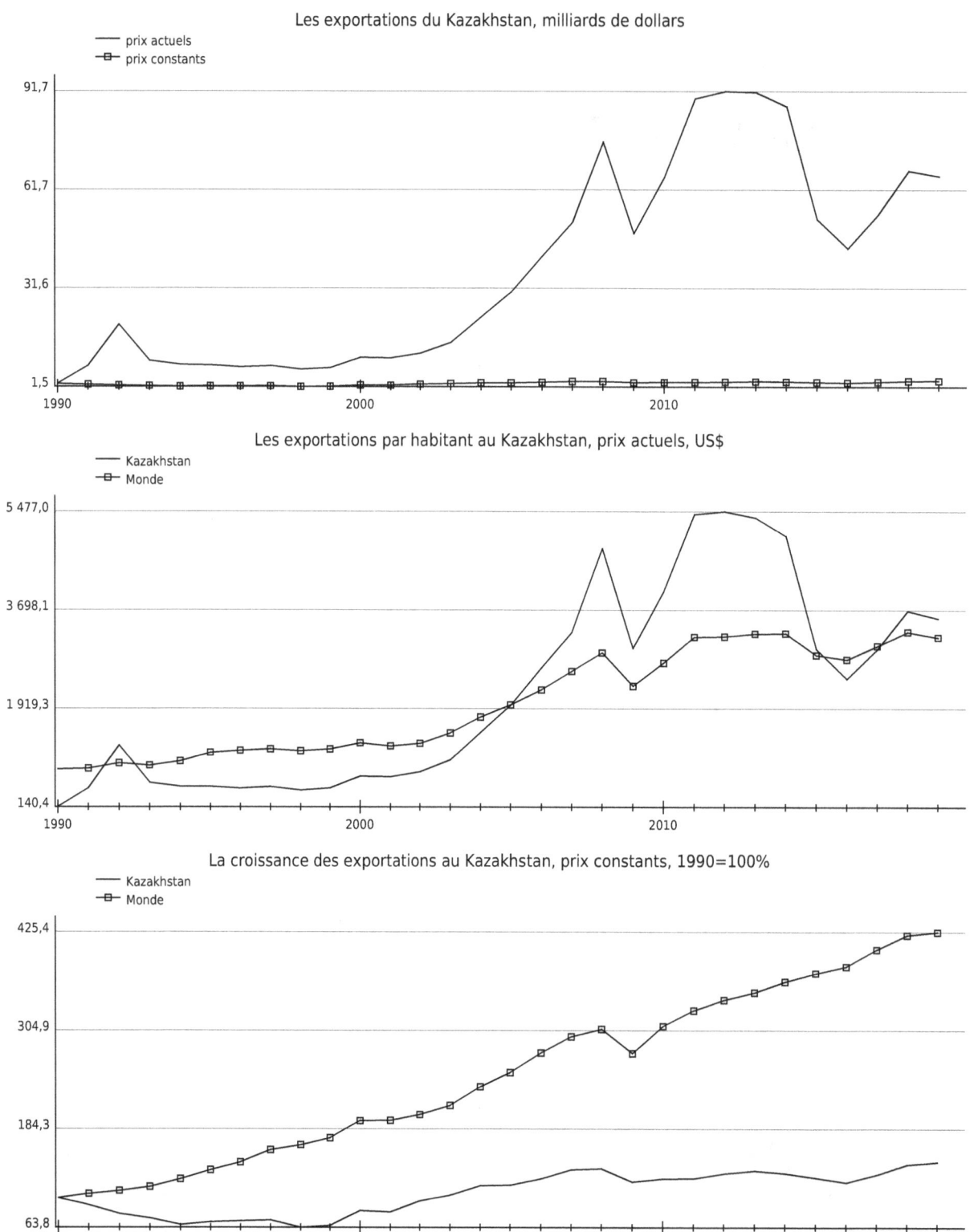

Chapitre X. Exportations

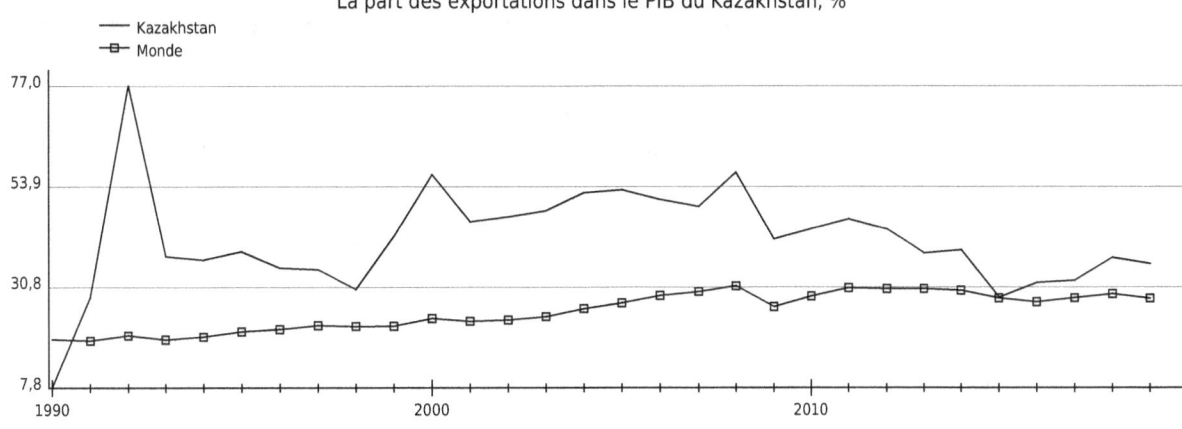

Les années 1990

Les exportations du Kazakhstan étaient de 8,5 milliards de dollars par an dans les années 1990, se classant au 60ème rang mondial à égalité avec le Pakistan (8,6 milliards de dollars), la Slovaquie (8,6 milliards de dollars), la Biélorussie (8,7 milliards de dollars). La part dans le monde était de 0,14% et de 0,54% en Asie.

La part des exportations dans le PIB du Kazakhstan était de 36,5% dans les années 1990, se classant au 83ème rang mondial, à égalité avec d'Oman (36,6%), l'Arabie saoudite (36,7%).

Les exportations par habitant au Kazakhstan étaient de 536.4 dollars dans les années 1990, se classant au 110ème rang mondial, à égalité avec la Gambie (543,2 de dollars), l'Angola (526,3 de dollars). Les exportations par habitant au Kazakhstan étaient 47,9% inférieures les exportations par habitant au Monde (1 029,5 US$), et 17,5% supérieures les exportations par habitant en Asie (456,7 US$).

La croissance des exportations au Kazakhstan était de -4.6% dans les années 1990, se situant au 190ème rang mondial. La croissance des exportations au Kazakhstan (-4,6%) a été inférieure à celle du monde (6,9%), et inférieure à celle de l'Asie (8,1%).

Comparaison avec les voisins. La valeur des exportations au Kazakhstan était supérieure à celle de l'Ouzbékistan (4,2 milliards de dollars) et du Kirghizistan (637,7 millions de dollars); mais inférieure à celle de la Chine (132,9 milliards de dollars) et de la Russie (130,4 milliards de dollars). Les exportations par habitant au Kazakhstan étaient supérieures à celles de l'Ouzbékistan (187,8 de dollars), du Kirghizistan (139,3 de dollars) et de la Chine (107,8 de dollars); mais inférieures à celles de la Russie (881,8 de dollars). La croissance des exportations au Kazakhstan était supérieure à celle du Kirghizistan (-9,3%); mais inférieure à celle de la Chine (17,5%), de la Russie (12,1%) et de l'Ouzbékistan (-3,3%).

Comparaison avec les leaders. Les exportations du Kazakhstan étaient inférieures à celles des États-Unis (773,6 milliards de dollars), de l'Allemagne (509,0 milliards de dollars), du Japon (418,7 milliards de dollars), de la France (329,8 milliards de dollars) et du Royaume-Uni (324,3 milliards de dollars). Les exportations par habitant au Kazakhstan étaient inférieures à celles de l'Allemagne (6 311,2 de dollars), du Royaume-Uni (5 602,2 de dollars), de la France (5 553,9 de dollars), du Japon (3 320,8 de dollars) et des États-Unis (2 925,3 de dollars). La croissance des exportations au Kazakhstan était inférieure à celle des États-Unis (7,2%), de la France (6,5%), de l'Allemagne (6,0%), du Royaume-Uni (5,7%) et du Japon (4,2%).

Les années 2000

La valeur des exportations au Kazakhstan était de 31,8 milliards de dollars par an dans les années 2000, au 54ème rang mondial à égalité avec la Libye (31,3 milliards de dollars). La part dans le monde était de 0,25% et de 0,79% en Asie.

La structure des exportations: produits primaires (74,8%), articles manufacturés provenant de ressources naturelles (10,5%), articles manufacturés à faible technologie (4,5%), articles manufacturés de technologie moyenne (5,1%), articles manufacturés à haute technologie (2,6%).

Le Kazakhstan a exporté des marchandises vers l'Italie (15,4%), la Suisse (14,1%), la Chine (10,8%), la Russie (10,7%), la France (7,1%) et d'autres pays (41,7%).

La part des exportations dans le PIB du Kazakhstan était de 50,3% dans les années 2000, se classant au 61ème rang mondial, à égalité avec d'Antigua-et-Barbuda (50,4%).

Les exportations par habitant au Kazakhstan étaient de 2065.8 dollars dans les années 2000, se situant au 85ème rang mondial, à égalité avec le Costa Rica (2 031,7 de dollars). Les exportations par habitant au Kazakhstan étaient 6,8% supérieures les exportations par habitant au Monde (1 933,7 US$), et 2,0 fois supérieures les exportations par habitant en Asie (1 011,8 US$).

La croissance des exportations au Kazakhstan était de 6.2% dans les années 2000, se classant au 80ème rang mondial, à égalité avec les îles Cook (6,1%). La croissance des exportations au Kazakhstan (6,2%) a été supérieure à celle du monde (4,8%), et inférieure à celle de l'Asie (7,5%).

Comparaison avec les voisins. Les exportations du Kazakhstan étaient supérieures à celles de l'Ouzbékistan (6,3 milliards de dollars) et du Kirghizistan (1,3 milliards de dollars); mais inférieures à celles de la Chine (780,2 milliards de dollars) et de la Russie (256,1 milliards de dollars). Les exportations par habitant au Kazakhstan étaient supérieures à celles de la Russie (1 774,6 de dollars), de la Chine (588,1 de dollars), du Kirghizistan (253,6 de dollars) et de l'Ouzbékistan (237,6 de dollars). La croissance des exportations au Kazakhstan était supérieure à celle du Kirghizistan (6,1%); mais inférieure à celle de l'Ouzbékistan (14,0%), de la Chine (12,7%) et de la Russie (6,3%).

Comparaison avec les leaders. La valeur des exportations au Kazakhstan était inférieure à celle des États-Unis (1,3 billions de dollars), de l'Allemagne (1,0 billions de dollars), de la Chine (780,2 milliards de dollars), du Japon (626,3 milliards de dollars) et du Royaume-Uni (591,1 milliards de dollars). Les exportations par habitant au Kazakhstan étaient supérieures à celles de la Chine (588,1 de dollars); mais inférieures à celles de l'Allemagne (12 836,9 de dollars), du Royaume-Uni (9 780,7 de dollars), du Japon (4 886,4 de dollars) et des États-Unis (4 488,4 de dollars). La croissance des exportations au Kazakhstan était supérieure à celle de l'Allemagne (5,0%), du Japon (3,5%), des États-Unis (3,3%) et du Royaume-Uni (2,8%); mais inférieure à celle de la Chine (12,7%).

Les années 2010

Les exportations du Kazakhstan étaient de 70,9 milliards de dollars par an dans les années 2010, se classant au 53ème rang mondial à égalité avec la Grèce (71,3 milliards de dollars). La part dans le monde était de 0,31% et de 0,82% en Asie.

La structure des exportations: produits primaires (77,5%), articles manufacturés provenant de ressources naturelles (10,3%), articles manufacturés à faible technologie (2,5%), articles manufacturés de technologie moyenne (5,0%), articles manufacturés à haute technologie (3,8%).

Le Kazakhstan a exporté des marchandises vers l'Italie (18,3%), la Chine (15,0%), les Pays-Bas (9,4%), la Russie (8,0%), la France (6,2%) et d'autres pays (43,1%).

La part des exportations dans le PIB du Kazakhstan était de 38,2% dans les années 2010, se classant au 100ème rang mondial, à égalité avec la Zambie (38,1%), la Barbade (38,0%), les Bahamas (37,9%).

Les exportations par habitant au Kazakhstan étaient de 4069.8 dollars dans les années 2010, au 83ème rang mondial, à égalité avec Sainte-Lucie (4 048,9 de dollars), la Polynésie française (4 165,2 de dollars). Les exportations par habitant au Kazakhstan étaient 31,3% supérieures les exportations par habitant au Monde (3 098,9 US$), et 2,1 fois supérieures les exportations par habitant en Asie (1 964,3 US$).

La croissance des exportations au Kazakhstan était de 1.9% dans les années 2010, au 162ème rang mondial, à égalité avec les Samoa (1,9%), la Polynésie française (1,9%). La croissance des exportations au Kazakhstan (1,9%) a été inférieure à celle du monde (4,4%), et inférieure à celle de l'Asie (5,3%).

Comparaison avec les voisins. Les exportations du Kazakhstan étaient 5,1 fois supérieures à celles de l'Ouzbékistan (14,0 milliards de dollars) et 25,4 fois supérieures à celles du Kirghizistan (2,8 milliards de dollars); mais 32,4 fois inférieures à celles de la Chine (2,3 billions de dollars) et 6,9 fois inférieures à celles de la Russie (488,7 milliards de dollars). Les exportations par habitant au Kazakhstan étaient 20,5% supérieures à celles de la Russie (3 376,3 de dollars), 2,5 fois supérieures à celles de la Chine (1 635,3 de dollars), 8,6 fois supérieures à celles du Kirghizistan (472,0 de dollars) et 9,0 fois supérieures à celles de l'Ouzbékistan (454,7 de dollars). La croissance des exportations au Kazakhstan était supérieure à celle du Kirghizistan (-0,24%); mais inférieure à celle de la Chine (6,8%), de l'Ouzbékistan (6,2%) et de la Russie (2,9%).

Comparaison avec les leaders. La valeur des exportations au Kazakhstan était 32,4 fois inférieure à celle de la Chine (2,3 billions de dollars), 32,0 fois inférieure à celle des États-Unis (2,3 billions de dollars), 23,7 fois inférieure à celle de l'Allemagne (1,7 billions de dollars), 12,1 fois inférieure à celle du Japon (859,4 milliards de dollars) et 11,5 fois inférieure à celle du Royaume-Uni (815,1 milliards de dollars). Les exportations par habitant au Kazakhstan étaient 2,5 fois supérieures à celles de la Chine (1 635,3 de dollars); mais 5,1 fois inférieures à celles de l'Allemagne (20 563,4 de dollars), 3,1 fois inférieures à celles du Royaume-Uni (12 425,4 de dollars), 42,7% inférieures à celles des États-Unis (7 104,2 de dollars) et 39,4% inférieures à celles du Japon (6 718,2 de dollars). La croissance des exportations au Kazakhstan était inférieure à celle de la Chine (6,8%), de l'Allemagne (4,7%), du Japon (4,6%), des États-Unis (3,7%) et du Royaume-Uni (3,1%).

Chapitre XI. Importations

Les importations du Kazakhstan sont passés de 10,6 milliards de dollars par an dans les années 1990 à 49,9 milliards de dollars par an dans les années 2010, c'est-à-dire 39,3 milliards de dollars ou de 4,7 fois. La variation a été de 36,4 milliards de dollars en raison de l'augmentation de 3,7 fois des prix, et de 1,9 milliards de dollars en raison de la croissance du taux par habitant de 1,2 fois, et de 1,1 milliards de dollars en raison de la croissance démographique. La croissance annuelle moyenne des importations était de -1,3%. La valeur minimale était de 6,8 milliards de dollars en 1999. La valeur maximale était de 63,4 milliards de dollars en 2013.

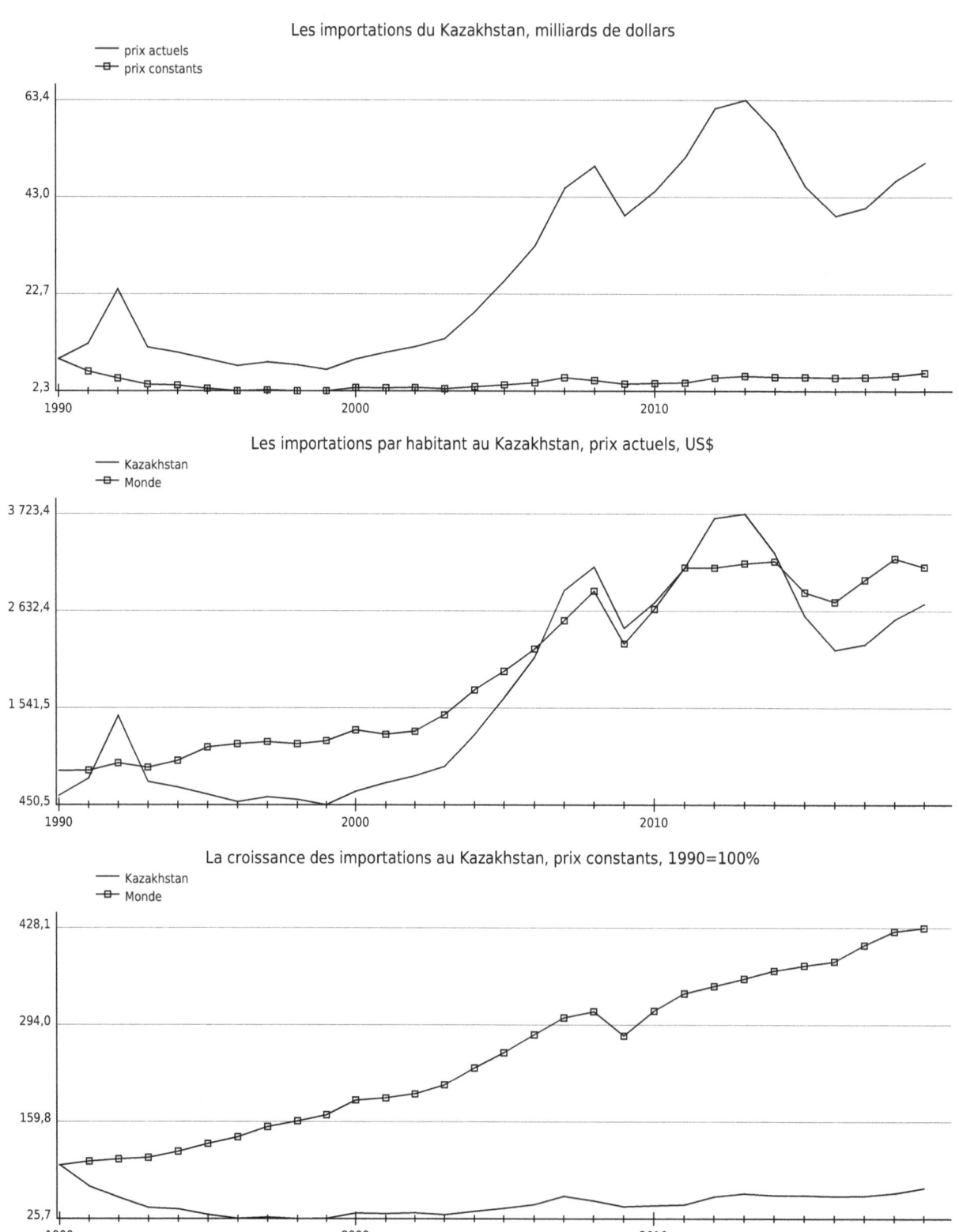

Chapitre XI. Importations

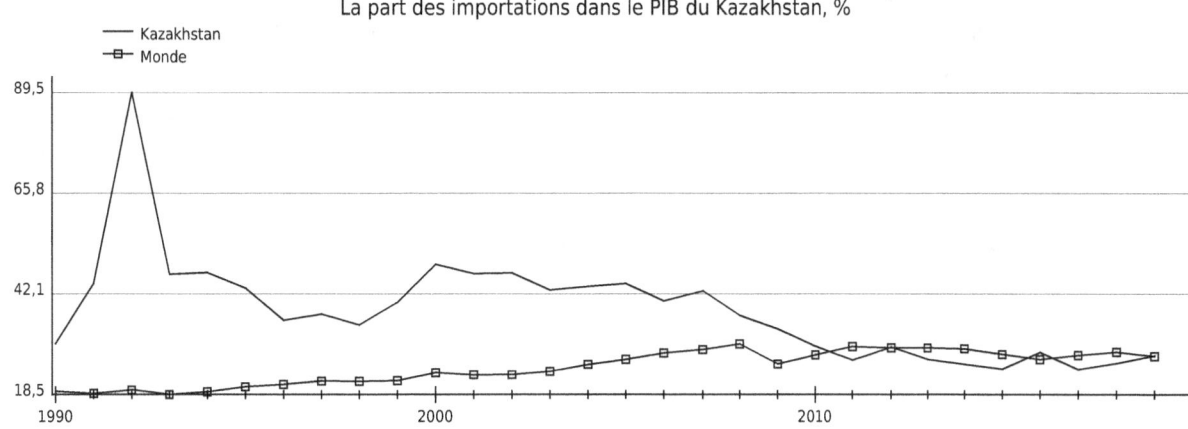
La part des importations dans le PIB du Kazakhstan, %

Les années 1990

La valeur des importations au Kazakhstan était de 10,6 milliards de dollars par an dans les années 1990, se situant au 53ème rang mondial à égalité avec le Maroc (10,4 milliards de dollars). La part dans le monde était de 0,18% et de 0,71% en Asie.

La part des importations dans le PIB du Kazakhstan était de 45,6% dans les années 1990, se situant au 78ème rang mondial.

Les importations par habitant au Kazakhstan étaient de 669.7 dollars dans les années 1990, se classant au 114ème rang mondial, à égalité avec Sao Tomé-et-Principe (664,8 de dollars), la Turquie (663,7 de dollars), l'Asie du Sud-Est (676,3 de dollars). Les importations par habitant au Kazakhstan étaient 34,1% inférieures les importations par habitant au Monde (1 015,5 US$), et 55,7% supérieures les importations par habitant en Asie (430,1 US$).

La croissance des importations au Kazakhstan était de -14% dans les années 1990, au 206ème rang mondial. La croissance des importations au Kazakhstan (-14,0%) a été inférieure à celle du monde (6,6%), et inférieure à celle de l'Asie (6,8%).

Comparaison avec les voisins. La valeur des importations au Kazakhstan était supérieure à celle de l'Ouzbékistan (4,5 milliards de dollars) et du Kirghizistan (878,7 millions de dollars); mais inférieure à celle de la Chine (115,9 milliards de dollars) et de la Russie (108,7 milliards de dollars). Les importations par habitant au Kazakhstan étaient supérieures à celles de l'Ouzbékistan (198,9 de dollars), du Kirghizistan (191,9 de dollars) et de la Chine (94,0 de dollars); mais inférieures à celles de la Russie (735,2 de dollars). La croissance des importations au Kazakhstan était inférieure à celle de la Chine (16,0%), de la Russie (2,9%), de l'Ouzbékistan (-9,5%) et du Kirghizistan (-13,8%).

Comparaison avec les leaders. Les importations du Kazakhstan étaient inférieures à celles des États-Unis (874,1 milliards de dollars), de l'Allemagne (501,6 milliards de dollars), du Japon (355,9 milliards de dollars), du Royaume-Uni (330,2 milliards de dollars) et de la France (308,5 milliards de dollars). Les importations par habitant au Kazakhstan étaient inférieures à celles de l'Allemagne (6 220,3 de dollars), du Royaume-Uni (5 705,3 de dollars), de la France (5 194,4 de dollars), des États-Unis (3 305,6 de dollars) et du Japon (2 822,9 de dollars). La croissance des importations au Kazakhstan était inférieure à celle des États-Unis (8,3%), de l'Allemagne (6,4%), de la France (5,1%), du Royaume-Uni (5,1%) et du Japon (3,3%).

Les années 2000

La valeur des importations au Kazakhstan était de 25,5 milliards de dollars par an dans les années 2000, se situant au 57ème rang mondial à égalité avec l'Algérie (25,9 milliards de dollars). La part dans le monde était de 0,21% et de 0,72% en Asie.

La structure des importations: produits primaires (10,1%), articles manufacturés provenant de ressources naturelles (16,0%), articles manufacturés à faible technologie (17,7%), articles manufacturés de technologie moyenne (41,0%), articles manufacturés à haute technologie (11,3%).

Le Kazakhstan a importé des marchandises en provenance la Russie (34,5%), la Chine (20,7%), l'Allemagne (7,2%), l'Ukraine (4,0%), l'Italie (3,1%) et d'autres pays (30,5%).

La part des importations dans le PIB du Kazakhstan était de 40,4% dans les années 2000, se situant au 117ème rang mondial, à égalité avec l'Afrique centrale (40,2%), l'Islande (40,7%), l'Asie centrale (40,0%).

Les importations par habitant au Kazakhstan étaient de 1659.2 dollars dans les années 2000, se situant au 110ème rang mondial, à égalité avec la Macédoine du Nord (1 661,8 de dollars), l'Uruguay (1 664,0 de dollars), la Turquie (1 699,7 de dollars). Les importations par habitant au Kazakhstan étaient 12,7% inférieures les importations par habitant au Monde (1 899,9 US$), et 84,7% supérieures les importations par habitant en Asie (898,2 US$).

La croissance des importations au Kazakhstan était de 5.1% dans les années 2000, se classant au 105ème rang mondial, à égalité avec l'Afrique centrale (5,1%), le Cap-Vert (5,1%). La croissance des importations au Kazakhstan (5,1%) a été inférieure à celle du monde (5,1%), et inférieure à celle de l'Asie (7,8%).

Comparaison avec les voisins. La valeur des importations au Kazakhstan était supérieure à celle de l'Ouzbékistan (5,1 milliards de dollars) et du Kirghizistan (1,9 milliards de dollars); mais inférieure à celle de la Chine (641,1 milliards de dollars) et de la Russie (172,4 milliards de dollars). Les importations par habitant au Kazakhstan étaient supérieures à celles de la Russie (1 194,9 de dollars), de la Chine (483,3 de dollars), du Kirghizistan (377,2 de dollars) et de l'Ouzbékistan (193,7 de dollars). La croissance des importations au Kazakhstan était inférieure à celle de la Chine (15,1%), de l'Ouzbékistan (14,0%), de la Russie (14,0%) et du Kirghizistan (7,5%).

Comparaison avec les leaders. La valeur des importations au Kazakhstan était inférieure à celle des États-Unis (1,9 billions de dollars), de l'Allemagne (914,7 milliards de dollars), du Royaume-Uni (641,8 milliards de dollars), de la Chine (641,1 milliards de dollars) et du Japon (566,4 milliards de dollars). Les importations par habitant au Kazakhstan étaient supérieures à celles de la Chine (483,3 de dollars); mais inférieures à celles de l'Allemagne (11 237,8 de dollars), du Royaume-Uni (10 620,4 de dollars), des États-Unis (6 400,9 de dollars) et du Japon (4 418,9 de dollars). La croissance des importations au Kazakhstan était supérieure à celle de l'Allemagne (3,7%), du Royaume-Uni (3,1%), des États-Unis (2,8%) et du Japon (1,8%); mais inférieure à celle de la Chine (15,1%).

Les années 2010

La valeur des importations au Kazakhstan était de 49,9 milliards de dollars par an dans les années 2010, se classant au 59ème rang mondial à égalité avec le Maroc (49,8 milliards de dollars), le Koweït (50,6 milliards de dollars), la Nouvelle-Zélande (51,1 milliards de dollars). La part dans le monde était de 0,23% et de 0,62% en Asie.

La structure des importations: produits primaires (8,5%), articles manufacturés provenant de ressources naturelles (16,6%), articles manufacturés à faible technologie (19,8%), articles manufacturés de technologie moyenne (37,1%), articles manufacturés à haute technologie (14,1%).

Le Kazakhstan a importé des marchandises en provenance la Russie (32,6%), la Chine (26,7%), l'Allemagne (5,1%), l'Ouzbékistan (3,2%), l'Ukraine (3,0%) et d'autres pays (29,3%).

La part des importations dans le PIB du Kazakhstan était de 26,9% dans les années 2010, se situant au 184ème rang mondial, à égalité avec le Cameroun (27,0%), la Birmanie (27,1%).

Les importations par habitant au Kazakhstan étaient de 2865.4 dollars dans les années 2010, se classant au 108ème rang mondial, à égalité avec la Bosnie-Herzégovine (2 869,0 de dollars), le Belize (2 938,3 de dollars). Les importations par habitant au Kazakhstan étaient 5,0% inférieures les importations par habitant au Monde (3 015,6 US$), et 58,0% supérieures les importations par habitant en Asie (1 813,7 US$).

La croissance des importations au Kazakhstan était de 4.9% dans les années 2010, se classant au 77ème rang mondial, à égalité avec l'Allemagne (4,8%), l'Europe du Nord (4,9%). La croissance des importations au Kazakhstan (4,9%) a été supérieure à celle du monde (4,4%), et inférieure à celle de l'Asie (5,4%).

Comparaison avec les voisins. La valeur des importations au Kazakhstan était 3,5 fois supérieure à celle de l'Ouzbékistan (14,4 milliards de dollars) et 9,1 fois supérieure à celle du Kirghizistan (5,5 milliards de dollars); mais 41,5 fois inférieure à celle de la Chine (2,1 billions de dollars) et 7,3 fois inférieure à celle de la Russie (364,2 milliards de dollars). Les importations par habitant au Kazakhstan étaient 13,9% supérieures à celles de la Russie (2 516,3 de dollars), 94,2% supérieures à celles de la Chine (1 475,4 de dollars), 3,1 fois supérieures à celles du Kirghizistan (924,3 de dollars) et 6,1 fois supérieures à celles de l'Ouzbékistan (468,2 de dollars). La croissance des importations au Kazakhstan était supérieure à celle de la Russie (3,5%) et du Kirghizistan (2,6%); mais inférieure à celle de l'Ouzbékistan (9,7%) et de la Chine (8,2%).

Comparaison avec les leaders. Les importations du Kazakhstan étaient 56,4 fois inférieures à celles des États-Unis (2,8 billions de dollars), 41,5 fois inférieures à celles de la Chine (2,1 billions de dollars), 29,1 fois inférieures à celles de l'Allemagne (1,5 billions de dollars), 17,6 fois inférieures à celles du Japon (877,9 milliards de dollars) et 17,1 fois inférieures à celles du Royaume-Uni (854,8 milliards de dollars). Les importations par habitant au Kazakhstan étaient 94,2% supérieures à celles de la Chine (1 475,4 de dollars); mais 6,2 fois inférieures à celles de l'Allemagne (17 771,2 de dollars), 4,5 fois inférieures à celles du Royaume-Uni (13 030,6 de dollars), 3,1 fois inférieures à celles des États-Unis (8 817,8 de dollars) et 2,4 fois inférieures à celles du Japon (6 862,7 de dollars). La croissance des importations au Kazakhstan était supérieure à celle de l'Allemagne (4,8%), des États-Unis (4,4%), du Japon (3,8%) et du Royaume-Uni (3,6%); mais inférieure à celle de la Chine (8,2%).

Partie IV. Consommation

Chapitre XII. Dépenses publiques

Dépenses de consommation des administrations publiques

Les dépenses publiques du Kazakhstan sont passés de 2,9 milliards de dollars par an dans les années 1990 à 19,4 milliards de dollars par an dans les années 2010, c'est-à-dire 16,5 milliards de dollars ou de 6,7 fois. La variation a été de 13,5 milliards de dollars en raison de l'augmentation de 3,3 fois des prix, et de 2,7 milliards de dollars en raison de la croissance du taux par habitant de 1,9 fois, et de 290,0 millions de dollars en raison de la croissance démographique. La croissance annuelle moyenne des dépenses publiques était de 2,0%. La valeur minimale était de 1,9 milliards de dollars en 1999. La valeur maximale était de 24,1 milliards de dollars en 2013.

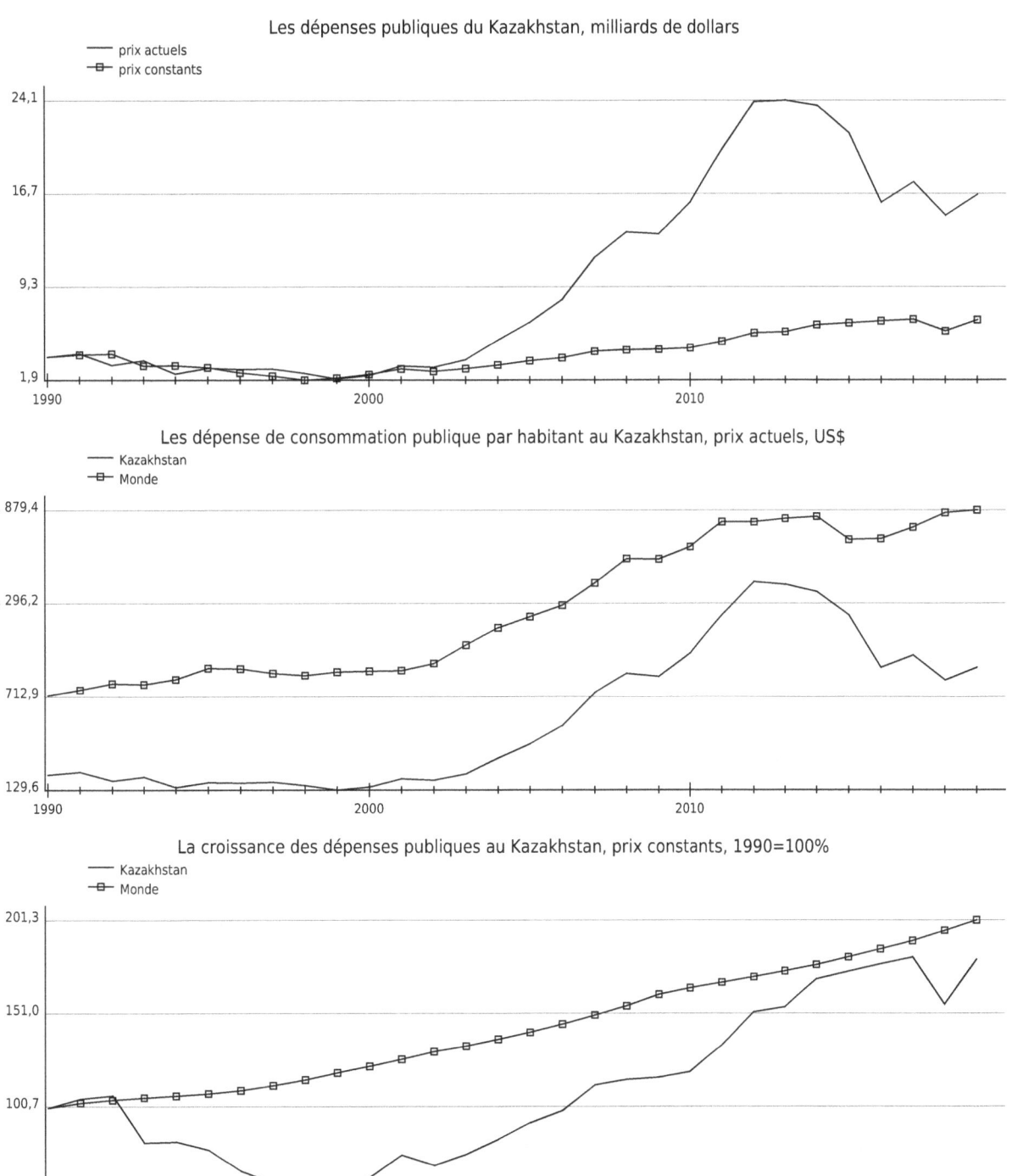

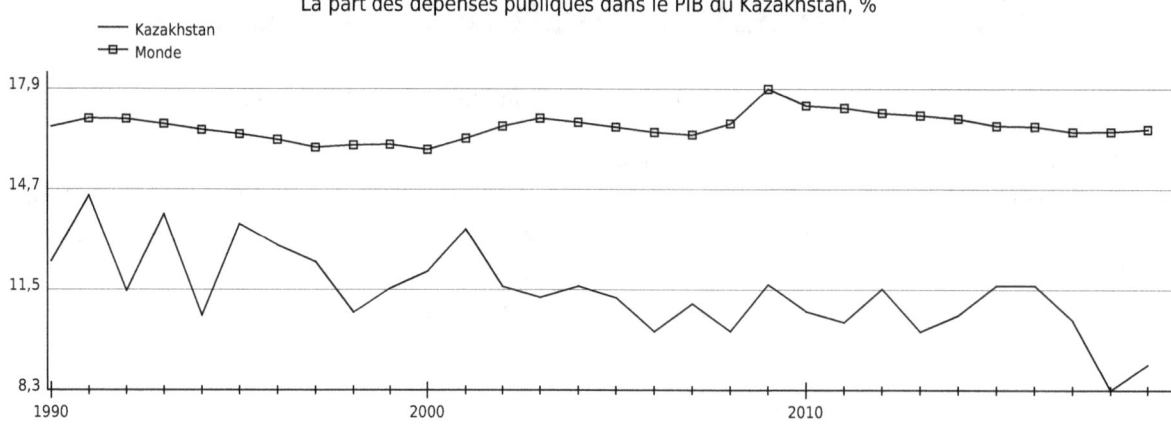

Les années 1990

Les dépenses publiques du Kazakhstan étaient de 2,9 milliards de dollars par an dans les années 1990, se classant au 68ème rang mondial à égalité avec le Luxembourg (2,9 milliards de dollars). La part dans le monde était de 0,062% et de 0,26% en Asie.

La part des dépenses publiques dans le PIB du Kazakhstan était de 12,5% dans les années 1990, au 147ème rang mondial, à égalité avec l'Iran (12,5%), l'Argentine (12,5%).

Les dépense de consommation publique par habitant au Kazakhstan étaient de 183.2 dollars dans les années 1990, se classant au 138ème rang mondial, à égalité avec le Pérou (185,3 de dollars), la Gambie (185,6 de dollars). Les dépenses publiques par habitant au Kazakhstan étaient 4,5 fois inférieures les dépense de consommation publique par habitant au Monde (824,8 US$), et 42,5% inférieures les dépenses publiques par habitant en Asie (318,7 US$).

La croissance des dépenses publiques au Kazakhstan était de -6.6% dans les années 1990, au 198ème rang mondial. La croissance des dépenses publiques au Kazakhstan (-6,6%) a été inférieure à celle du monde (2,0%), et inférieure à celle de l'Asie (5,0%).

Comparaison avec les voisins. Les dépense de consommation publique du Kazakhstan étaient supérieures à celles du Kirghizistan (380,5 millions de dollars); mais inférieures à celles de la Chine (102,2 milliards de dollars), de la Russie (74,6 milliards de dollars) et de l'Ouzbékistan (3,2 milliards de dollars). Les dépense publique par habitant au Kazakhstan étaient supérieures à celles de l'Ouzbékistan (142,4 de dollars), du Kirghizistan (83,1 de dollars) et de la Chine (82,9 de dollars); mais inférieures à celles de la Russie (504,2 de dollars). La croissance des dépenses publiques au Kazakhstan était supérieure à celle du Kirghizistan (-9,6%); mais inférieure à celle de la Chine (12,0%), de l'Ouzbékistan (-2,5%) et de la Russie (-2,7%).

Comparaison avec les leaders. Les dépense publique du Kazakhstan étaient inférieures à celles des États-Unis (1,1 billions de dollars), du Japon (651,8 milliards de dollars), de l'Allemagne (419,6 milliards de dollars), de la France (325,4 milliards de dollars) et du Royaume-Uni (234,6 milliards de dollars). Les dépenses publiques par habitant au Kazakhstan étaient inférieures à celles de la France (5 479,6 de dollars), de l'Allemagne (5 203,8 de dollars), du Japon (5 169,1 de dollars), des États-Unis (4 287,3 de dollars) et du Royaume-Uni (4 053,6 de dollars). La croissance des dépenses publiques au Kazakhstan était inférieure à celle du Japon (3,0%), de l'Allemagne (2,4%), du Royaume-Uni (2,1%), de la France (1,8%) et des États-Unis (1,3%).

Les années 2000

Les dépenses publiques du Kazakhstan étaient de 7,0 milliards de dollars par an dans les années 2000, se situant au 64ème rang mondial à égalité avec le Qatar (7,0 milliards de dollars), l'Angola (7,1 milliards de dollars). La part dans le monde était de 0,089% et de 0,37% en Asie.

La part des dépenses publiques dans le PIB du Kazakhstan était de 11,1% dans les années 2000, se situant au 168ème rang mondial, à égalité avec le Pérou (11,1%), la Suisse (11,0%), le Chili (11,1%).

Les dépense publique par habitant au Kazakhstan étaient de 454.3 dollars dans les années 2000, se classant au 120ème rang mondial, à égalité avec l'Eswatini (451,8 de dollars), le Kosovo (458,0 de dollars), les Tonga (460,1 de dollars). Les dépenses publiques par habitant au Kazakhstan étaient 2,6 fois inférieures les dépense publique par habitant au Monde (1 200,9 US$), et 4,8% inférieures les dépense de consommation publique par habitant en Asie (477,4 US$).

La croissance des dépenses publiques au Kazakhstan était de 7.9% dans les années 2000, se situant au 30ème rang mondial. La

Chapitre XII. Dépenses publiques

croissance des dépenses publiques au Kazakhstan (7,9%) a été supérieure à celle du monde (3,1%), et supérieure à celle de l'Asie (5,3%).

Comparaison avec les voisins. Les dépense de consommation publique du Kazakhstan étaient supérieures à celles de l'Ouzbékistan (2,9 milliards de dollars) et du Kirghizistan (492,2 millions de dollars); mais inférieures à celles de la Chine (362,5 milliards de dollars) et de la Russie (136,2 milliards de dollars). Les dépenses publiques par habitant au Kazakhstan étaient supérieures à celles de la Chine (273,3 de dollars), de l'Ouzbékistan (108,9 de dollars) et du Kirghizistan (96,7 de dollars); mais inférieures à celles de la Russie (943,7 de dollars). La croissance des dépenses publiques au Kazakhstan était supérieure à celle de l'Ouzbékistan (4,4%), de la Russie (1,7%) et du Kirghizistan (1,3%); mais inférieure à celle de la Chine (9,3%).

Comparaison avec les leaders. Les dépenses publiques du Kazakhstan étaient inférieures à celles des États-Unis (1,9 billions de dollars), du Japon (844,2 milliards de dollars), de l'Allemagne (520,1 milliards de dollars), de la France (479,9 milliards de dollars) et du Royaume-Uni (453,4 milliards de dollars). Les dépense publique par habitant au Kazakhstan étaient inférieures à celles de la France (7 640,9 de dollars), du Royaume-Uni (7 501,5 de dollars), du Japon (6 586,4 de dollars), des États-Unis (6 545,9 de dollars) et de l'Allemagne (6 389,7 de dollars). La croissance des dépenses publiques au Kazakhstan était supérieure à celle du Royaume-Uni (2,9%), des États-Unis (2,2%), du Japon (1,7%), de la France (1,7%) et de l'Allemagne (1,4%).

Les années 2010

Les dépense de consommation publique du Kazakhstan étaient de 19,4 milliards de dollars par an dans les années 2010, au 59ème rang mondial. La part dans le monde était de 0,15% et de 0,45% en Asie.

La part des dépenses publiques dans le PIB du Kazakhstan était de 10,5% dans les années 2010, se situant au 184ème rang mondial, à égalité avec la Côte d'Ivoire (10,5%), la République dominicaine (10,4%), l'Asie du Sud (10,5%).

Les dépense publique par habitant au Kazakhstan étaient de 1116.1 dollars dans les années 2010, au 106ème rang mondial, à égalité avec la Serbie (1 120,3 de dollars), l'Irak (1 107,4 de dollars), la Bosnie-Herzégovine (1 132,3 de dollars). Les dépense de consommation publique par habitant au Kazakhstan étaient 37,5% inférieures les dépense de consommation publique par habitant au Monde (1 785,1 US$), et 15,0% supérieures les dépense de consommation publique par habitant en Asie (970,7 US$).

La croissance des dépenses publiques au Kazakhstan était de 4.5% dans les années 2010, se classant au 56ème rang mondial, à égalité avec Singapour (4,4%), le Niger (4,4%), Macao (4,5%). La croissance des dépenses publiques au Kazakhstan (4,5%) a été supérieure à celle du monde (2,3%), et inférieure à celle de l'Asie (5,2%).

Comparaison avec les voisins. Les dépense publique du Kazakhstan étaient 2,1 fois supérieures à celles de l'Ouzbékistan (9,1 milliards de dollars) et 15,5 fois supérieures à celles du Kirghizistan (1,3 milliards de dollars); mais 86,4 fois inférieures à celles de la Chine (1,7 billions de dollars) et 16,5 fois inférieures à celles de la Russie (320,0 milliards de dollars). Les dépense de consommation publique par habitant au Kazakhstan étaient 3,8 fois supérieures à celles de l'Ouzbékistan (295,2 de dollars) et 5,3 fois supérieures à celles du Kirghizistan (211,9 de dollars); mais 49,5% inférieures à celles de la Russie (2 210,5 de dollars) et 6,8% inférieures à celles de la Chine (1 197,3 de dollars). La croissance des dépenses publiques au Kazakhstan était supérieure à celle du Kirghizistan (0,76%) et de la Russie (0,51%); mais inférieure à celle de la Chine (8,3%) et de l'Ouzbékistan (6,0%).

Comparaison avec les leaders. Les dépense publique du Kazakhstan étaient 136,5 fois inférieures à celles des États-Unis (2,7 billions de dollars), 86,4 fois inférieures à celles de la Chine (1,7 billions de dollars), 53,7 fois inférieures à celles du Japon (1,0 billions de dollars), 37,1 fois inférieures à celles de l'Allemagne (721,6 milliards de dollars) et 32,8 fois inférieures à celles de la France (637,9 milliards de dollars). Les dépenses publiques par habitant au Kazakhstan étaient 8,6 fois inférieures à celles de la France (9 617,6 de dollars), 7,9 fois inférieures à celles de l'Allemagne (8 815,0 de dollars), 7,4 fois inférieures à celles des États-Unis (8 304,9 de dollars), 7,3 fois inférieures à celles du Japon (8 152,8 de dollars) et 6,8% inférieures à celles de la Chine (1 197,3 de dollars). La croissance des dépenses publiques au Kazakhstan était supérieure à celle de l'Allemagne (1,9%), du Japon (1,3%), de la France (1,3%) et des États-Unis (0,0052%); mais inférieure à celle de la Chine (8,3%).

Chapitre XIII. Dépenses ménagères

Dépenses de consommation des ménages

Les dépenses ménagères du Kazakhstan sont passés de 16,2 milliards de dollars par an dans les années 1990 à 91,7 milliards de dollars par an dans les années 2010, c'est-à-dire 75,5 milliards de dollars ou de 5,7 fois. La variation a été de 53,9 milliards de dollars en raison de l'augmentation de 2,4 fois des prix, et de 19,9 milliards de dollars en raison de la croissance du taux par habitant de 2,1 fois, et de 1,6 milliards de dollars en raison de la croissance démographique. La croissance annuelle moyenne des dépenses ménagères était de 2,3%. La valeur minimale était de 11,3 milliards de dollars en 2000. La valeur maximale était de 118,1 milliards de dollars en 2013.

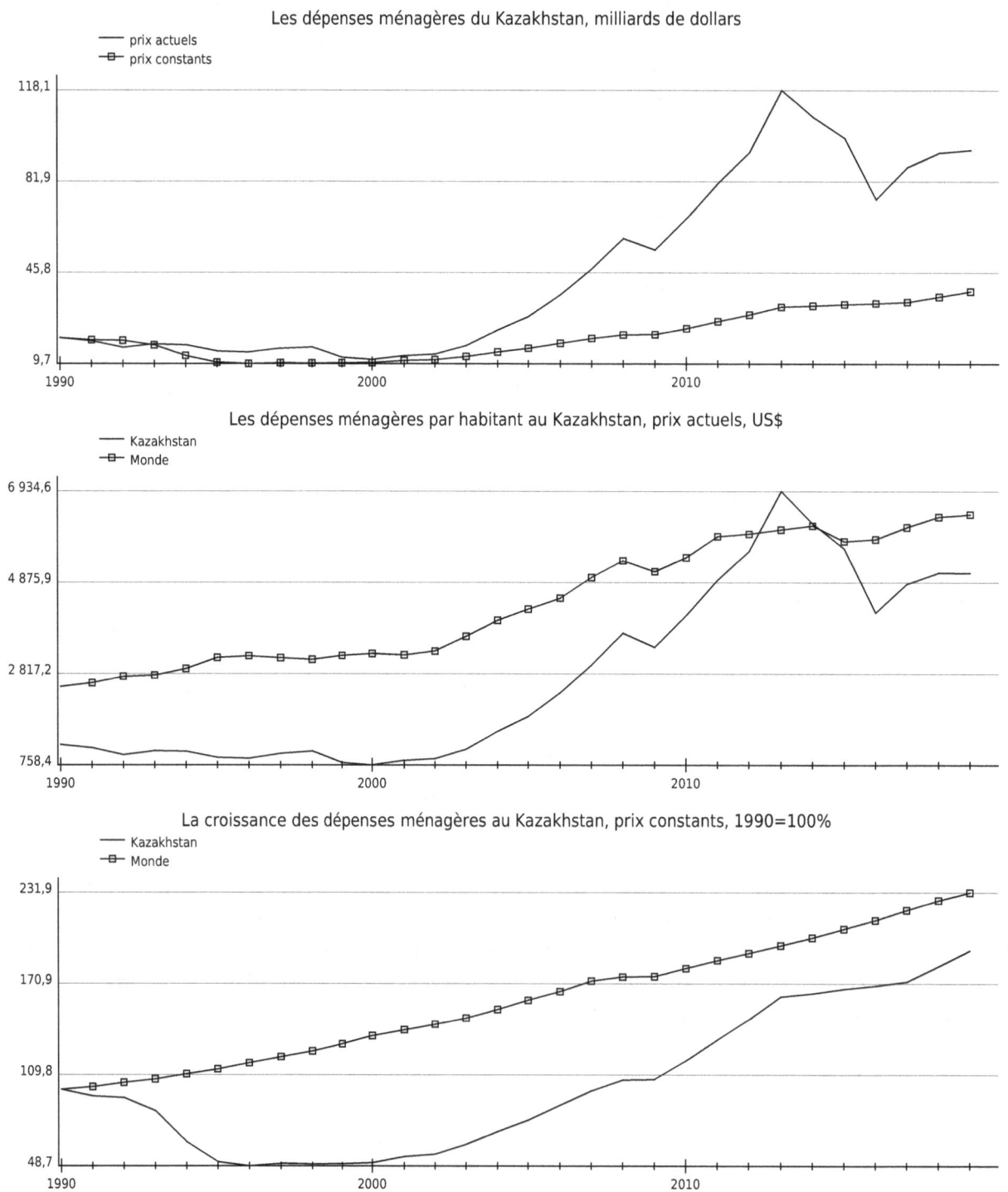

Chapitre XIII. Dépenses ménagères

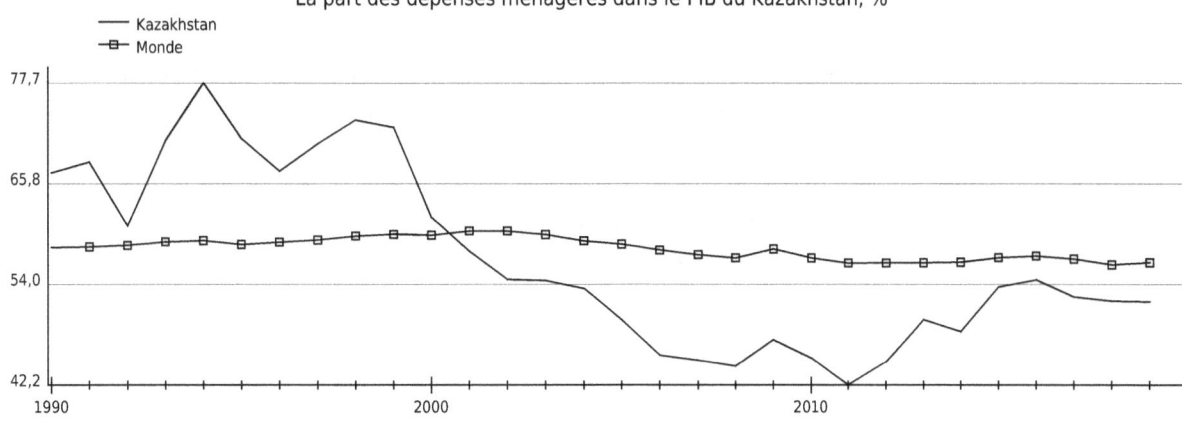

Les années 1990

Les dépenses ménagères du Kazakhstan étaient de 16,2 milliards de dollars par an dans les années 1990, au 60ème rang mondial à égalité avec Cuba (16,2 milliards de dollars). La part dans le monde était de 0,096% et de 0,39% en Asie.

La part des dépenses ménagères dans le PIB du Kazakhstan était de 69,6% dans les années 1990, se classant au 80ème rang mondial, à égalité avec l'Amérique centrale (69,8%), le Mexique (69,3%), le Cameroun (69,2%).

Les dépenses ménagères par habitant au Kazakhstan étaient de 1023 dollars dans les années 1990, au 116ème rang mondial, à égalité avec les Maldives (1 022,8 de dollars), la Roumanie (1 022,4 de dollars), l'Iran (1 015,1 de dollars). Les dépenses ménagères par habitant au Kazakhstan étaient 2,9 fois inférieures les dépenses ménagères par habitant au Monde (2 963,9 US$), et 15,3% inférieures les dépenses ménagères par habitant en Asie (1 208,2 US$).

La croissance des dépenses ménagères au Kazakhstan était de -7.4% dans les années 1990, se classant au 197ème rang mondial. La croissance des dépenses ménagères au Kazakhstan (-7,4%) a été inférieure à celle du monde (3,0%), et inférieure à celle de l'Asie (4,4%).

Comparaison avec les voisins. Les dépenses ménagères du Kazakhstan étaient supérieures à celles de l'Ouzbékistan (11,7 milliards de dollars) et du Kirghizistan (1,4 milliards de dollars); mais inférieures à celles de la Chine (329,8 milliards de dollars) et de la Russie (198,5 milliards de dollars). Les dépenses ménagères par habitant au Kazakhstan étaient supérieures à celles de l'Ouzbékistan (519,9 de dollars), du Kirghizistan (303,4 de dollars) et de la Chine (267,5 de dollars); mais inférieures à celles de la Russie (1 342,0 de dollars). La croissance des dépenses ménagères au Kazakhstan était supérieure à celle du Kirghizistan (-9,0%); mais inférieure à celle de la Chine (8,6%), de la Russie (-1,8%) et de l'Ouzbékistan (-3,2%).

Comparaison avec les leaders. Les dépenses ménagères du Kazakhstan étaient inférieures à celles des États-Unis (4,9 billions de dollars), du Japon (2,3 billions de dollars), de l'Allemagne (1,2 billions de dollars), du Royaume-Uni (884,5 milliards de dollars) et de la France (783,0 milliards de dollars). Les dépenses ménagères par habitant au Kazakhstan étaient inférieures à celles des États-Unis (18 538,8 de dollars), du Japon (18 170,3 de dollars), du Royaume-Uni (15 280,6 de dollars), de l'Allemagne (15 158,9 de dollars) et de la France (13 185,2 de dollars). La croissance des dépenses ménagères au Kazakhstan était inférieure à celle des États-Unis (3,4%), du Royaume-Uni (2,8%), de l'Allemagne (2,1%), du Japon (1,8%) et de la France (1,8%).

Les années 2000

Les dépenses ménagères du Kazakhstan étaient de 30,4 milliards de dollars par an dans les années 2000, au 58ème rang mondial. La part dans le monde était de 0,11% et de 0,47% en Asie.

La part des dépenses ménagères dans le PIB du Kazakhstan était de 48,3% dans les années 2000, se classant au 172ème rang mondial, à égalité avec la Tchéquie (48,1%), les Pays-Bas (47,9%).

Les dépenses ménagères par habitant au Kazakhstan étaient de 1979.9 dollars dans les années 2000, se situant au 113ème rang mondial, à égalité avec l'Équateur (1 959,4 de dollars), la Tunisie (1 955,8 de dollars), l'Albanie (2 006,2 de dollars). Les dépenses ménagères par habitant au Kazakhstan étaient 2,1 fois inférieures les dépenses ménagères par habitant au Monde (4 208,2 US$), et 20,0% supérieures les dépenses ménagères par habitant en Asie (1 649,6 US$).

La croissance des dépenses ménagères au Kazakhstan était de 7.9% dans les années 2000, se situant au 19ème rang mondial, à égalité avec la Moldavie (7,8%). La croissance des dépenses ménagères au Kazakhstan (7,9%) a été supérieure à celle du monde (3,0%), et supérieure à celle de l'Asie (4,4%).

Comparaison avec les voisins. Les dépenses ménagères du Kazakhstan étaient supérieures à celles de l'Ouzbékistan (12,2 milliards de dollars) et du Kirghizistan (2,3 milliards de dollars); mais inférieures à celles de la Chine (1,0 billions de dollars) et de la Russie (394,1 milliards de dollars). Les dépenses ménagères par habitant au Kazakhstan étaient supérieures à celles de la Chine (766,3 de dollars), de l'Ouzbékistan (463,8 de dollars) et du Kirghizistan (445,6 de dollars); mais inférieures à celles de la Russie (2 730,8 de dollars). La croissance des dépenses ménagères au Kazakhstan était supérieure à celle du Kirghizistan (5,5%) et de l'Ouzbékistan (4,6%); mais inférieure à celle de la Chine (8,9%) et de la Russie (8,6%).

Comparaison avec les leaders. Les dépenses ménagères du Kazakhstan étaient inférieures à celles des États-Unis (8,5 billions de dollars), du Japon (2,6 billions de dollars), de l'Allemagne (1,5 billions de dollars), du Royaume-Uni (1,5 billions de dollars) et de la France (1,1 billions de dollars). Les dépenses ménagères par habitant au Kazakhstan étaient inférieures à celles des États-Unis (28 799,1 de dollars), du Royaume-Uni (24 959,3 de dollars), du Japon (20 355,9 de dollars), de l'Allemagne (18 912,2 de dollars) et de la France (18 146,8 de dollars). La croissance des dépenses ménagères au Kazakhstan était supérieure à celle des États-Unis (2,4%), du Royaume-Uni (2,1%), de la France (2,0%), du Japon (0,81%) et de l'Allemagne (0,46%).

Les années 2010

Les dépenses ménagères du Kazakhstan étaient de 91,7 milliards de dollars par an dans les années 2010, se situant au 55ème rang mondial. La part dans le monde était de 0,21% et de 0,70% en Asie.

La part des dépenses ménagères dans le PIB du Kazakhstan était de 49,4% dans les années 2010, se classant au 174ème rang mondial, à égalité avec la Corée du Sud (49,3%), le Botswana (49,5%), Malte (49,7%).

Les dépenses ménagères par habitant au Kazakhstan étaient de 5263.2 dollars dans les années 2010, au 92ème rang mondial, à égalité avec les Caraïbes (5 215,1 de dollars). Les dépenses ménagères par habitant au Kazakhstan étaient 12,6% inférieures les dépenses ménagères par habitant au Monde (6 018,5 US$), et 76,8% supérieures les dépenses ménagères par habitant en Asie (2 977,2 US$).

La croissance des dépenses ménagères au Kazakhstan était de 6.1% dans les années 2010, se classant au 21ème rang mondial, à égalité avec le Kenya (6,1%), le Cambodge (6,1%). La croissance des dépenses ménagères au Kazakhstan (6,1%) a été supérieure à celle du monde (2,8%), et supérieure à celle de l'Asie (4,9%).

Comparaison avec les voisins. Les dépenses ménagères du Kazakhstan étaient 2,4 fois supérieures à celles de l'Ouzbékistan (38,0 milliards de dollars) et 14,9 fois supérieures à celles du Kirghizistan (6,2 milliards de dollars); mais 42,9 fois inférieures à celles de la Chine (3,9 billions de dollars) et 10,0 fois inférieures à celles de la Russie (914,4 milliards de dollars). Les dépenses ménagères par habitant au Kazakhstan étaient 87,8% supérieures à celles de la Chine (2 801,9 de dollars), 4,3 fois supérieures à celles de l'Ouzbékistan (1 236,5 de dollars) et 5,0 fois supérieures à celles du Kirghizistan (1 043,0 de dollars); mais 16,7% inférieures à celles de la Russie (6 316,6 de dollars). La croissance des dépenses ménagères au Kazakhstan était supérieure à celle du Kirghizistan (4,5%) et de la Russie (2,4%); mais inférieure à celle de la Chine (8,3%) et de l'Ouzbékistan (8,1%).

Comparaison avec les leaders. Les dépenses ménagères du Kazakhstan étaient 133,0 fois inférieures à celles des États-Unis (12,2 billions de dollars), 42,9 fois inférieures à celles de la Chine (3,9 billions de dollars), 32,6 fois inférieures à celles du Japon (3,0 billions de dollars), 21,4 fois inférieures à celles de l'Allemagne (2,0 billions de dollars) et 19,4 fois inférieures à celles du Royaume-Uni (1,8 billions de dollars). Les dépenses ménagères par habitant au Kazakhstan étaient 87,8% supérieures à celles de la Chine (2 801,9 de dollars); mais 7,3 fois inférieures à celles des États-Unis (38 161,2 de dollars), 5,2 fois inférieures à celles du Royaume-Uni (27 164,8 de dollars), 4,5 fois inférieures à celles de l'Allemagne (23 925,0 de dollars) et 4,4 fois inférieures à celles du Japon (23 352,2 de dollars). La croissance des dépenses ménagères au Kazakhstan était supérieure à celle des États-Unis (2,4%), du Royaume-Uni (1,8%), de l'Allemagne (1,4%) et du Japon (0,64%); mais inférieure à celle de la Chine (8,3%).

Chapitre XIV. Consommation de nourriture

Au cours de la période de recherche, la consommation alimentaire des produits suivants a augmenté: noix (de 23,7 fois), épices (de 8,8 fois), fruits (de 7,3 fois), stimulants (de 4,8 fois), légumes (de 3,3 fois), huiles végétales (de 2,9 fois), alcool (de 2,7 fois), légumineuses (de 95,0%), poisson (de 93,3%), lait (de 71,6%), racines riches (de 55,3%), œufs (de 44,3%), sucre (de 36,2%), viande (de 32,8%), mais diminué pour les produits suivants: céréales (de 72,4%).

Voici les coefficients de corrélation entre le RNB par habitant à prix constants et la consommation alimentaire: œufs (0.999), poisson (0.999), fruits (0.998), légumineuses (0.997), viande (0.992), noix (0.988), épices (0.987), huiles végétales (0.958), légumes (0.925), alcool (0.922), lait (0.914), racines riches (0.906), stimulants (0.867), sucre (0.591), céréales (-0.937).

Les années 1990

La consommation de kcal au Kazakhstan était de 2 861,8 kcal/jour par habitant dans les années 1990, se situant au 50ème rang mondial à égalité avec l'Estonie (2 856,9 kcal/jour par habitant), la Slovénie (2 875,1 kcal/jour par habitant), l'Arabie saoudite (2 877,8 kcal/jour par habitant). La consommation de kcal au Kazakhstan était supérieur à celui dans le monde (2 652,6 kcal/jour par habitant), et était supérieur à celui en Asie (2 494,1 kcal/jour par habitant). La consommation de kcal avait la structure suivante: céréales (55.6%), viande (10.1%), lait (9.5%), sucre (7%), huiles végétales (5.7%), et d'autres (12.1%).

La consommation de protéines au Kazakhstan était de 90,2 g/jour par habitant dans les années 1990, se classant au 38ème rang mondial. La consommation de protéines au Kazakhstan était supérieur à celui dans le monde (72,1 g/jour par habitant), et était supérieur à celui en Asie (65,3 g/jour par habitant). La consommation de protéines avait la structure suivante: céréales (51.3%), viande (21.4%), lait (16.4%), racines riches (3.5%), œufs (1.9%), et d'autres (5.5%).

La consommation de graisse au Kazakhstan était de 72,1 g/jour par habitant dans les années 1990, se situant au 76ème rang mondial à égalité avec Trinité-et-Tobago (72,3 g/jour par habitant), l'Ouzbékistan (71,7 g/jour par habitant). La consommation de graisse au Kazakhstan était supérieur à celui dans le monde (69,0 g/jour par habitant), et était supérieur à celui en Asie (54,3 g/jour par habitant). La consommation de graisse avait la structure suivante: viande (31.9%), huiles végétales (25.7%), lait (20.3%), céréales (7.6%), œufs (2.2%), et d'autres (12.3%).

Voici les niveaux de consommation alimentaire dans le classement mondial: 9ème - céréales (204,2 kg/habitant/an), 33ème - lait (165,6 kg/habitant/an), 58ème - viande (51,3 kg/habitant/an), 59ème - racines riches (72,1 kg/habitant/an), 73ème - œufs (5,8 kg/habitant/an), 80ème - légumes (59,6 kg/habitant/an), 109ème - alcool (14,6 kg/habitant/an), 110ème - huiles végétales (6,8 kg/habitant/an), 112ème - sucre (20,6 kg/habitant/an), 117ème - stimulants (1,0 kg/habitant/an), 135ème - noix (0,12 kg/habitant/an), 140ème - poisson (2,7 kg/habitant/an), 157ème - légumineuses (0,40 kg/habitant/an), 158ème - épices (0,020 kg/habitant/an), 162ème - fruits (10,1 kg/habitant/an).

Les années 2000

La consommation de kcal au Kazakhstan était de 3 019,0 kcal/jour par habitant dans les années 2000, se situant au 53ème rang mondial à égalité avec la Jordanie (3 026,8 kcal/jour par habitant), l'Arabie saoudite (3 027,7 kcal/jour par habitant), la Biélorussie (3 032,5 kcal/jour par habitant). La consommation de kcal au Kazakhstan était supérieur à celui dans le monde (2 765,9 kcal/jour par habitant), et était supérieur à celui en Asie (2 619,0 kcal/jour par habitant). La consommation de kcal avait la structure suivante: céréales (39.5%), lait (13.2%), huiles végétales (11%), sucre (9.7%), viande (9.2%), et d'autres (17.4%).

La consommation de protéines au Kazakhstan était de 91,2 g/jour par habitant dans les années 2000, au 43ème rang mondial à égalité avec les Amériques (91,2 g/jour par habitant), la Tunisie (91,0 g/jour par habitant), la Nouvelle-Zélande (92,1 g/jour par habitant). La consommation de protéines au Kazakhstan était supérieur à celui dans le monde (76,5 g/jour par habitant), et était supérieur à celui en Asie (70,9 g/jour par habitant). La consommation de protéines avait la structure suivante: céréales (37.6%), lait (24%), viande (21.3%), racines riches (4.7%), légumes (3.8%), et d'autres (8.6%).

La consommation de graisse au Kazakhstan était de 99,1 g/jour par habitant dans les années 2000, se classant au 48ème rang mondial à égalité avec la Macédoine du Nord (98,8 g/jour par habitant). La consommation de graisse au Kazakhstan était supérieur à celui dans le monde (76,9 g/jour par habitant), et était supérieur à celui en Asie (64,4 g/jour par habitant). La consommation de graisse avait la structure suivante: huiles végétales (38%), viande (21.9%), lait (21.6%), céréales (5.1%), stimulants (2.6%), et d'autres (10.8%).

Voici les niveaux de consommation alimentaire dans le classement mondial: 21ème - lait (242,8 kg/habitant/an), 26ème - légumes (144,7 kg/habitant/an), 41ème - racines riches (98,7 kg/habitant/an), 46ème - céréales (153,0 kg/habitant/an), 51ème - huiles végétales (13,7 kg/habitant/an), 66ème - viande (54,0 kg/habitant/an), 69ème - stimulants (3,9 kg/habitant/an), 76ème - œufs (6,4 kg/habitant/an), 87ème - alcool (30,3 kg/habitant/an), 92ème - sucre (29,7 kg/habitant/an), 120ème - noix (0,50 kg/habitant/an), 148ème - poisson (3,6 kg/habitant/an), 150ème - épices (0,086 kg/habitant/an), 155ème - fruits (24,8 kg/habitant/an), 162ème - légumineuses (0,53 kg/habitant/an).

Les années 2010

La consommation de kcal au Kazakhstan était de 3 200,3 kcal/jour par habitant dans les années 2010, au 41ème rang mondial à égalité avec l'Afrique du Nord (3 196,8 kcal/jour par habitant), l'Océanie (3 193,3 kcal/jour par habitant), l'Arabie saoudite (3 187,8 kcal/jour par habitant). La consommation de kcal au Kazakhstan était supérieur à celui dans le monde (2 869,3 kcal/jour par habitant), et était supérieur à celui en Asie (2 759,8 kcal/jour par habitant). La consommation de kcal avait la structure suivante: céréales (28.8%), huiles végétales (14.9%), lait (14.7%), viande (10.7%), sucre (8.7%), et d'autres (22.2%).

La consommation de protéines au Kazakhstan était de 96,7 g/jour par habitant dans les années 2010, se classant au 40ème rang mondial à égalité avec la Chine (96,5 g/jour par habitant), le Maroc (96,4 g/jour par habitant), la Biélorussie (96,3 g/jour par habitant). La consommation de protéines au Kazakhstan était supérieur à celui dans le monde (80,6 g/jour par habitant), et était supérieur à celui en Asie (76,7 g/jour par habitant). La consommation de protéines avait la structure suivante: céréales (27.1%), lait (26.5%), viande (25.3%), racines riches (5.1%), légumes (4.6%), et d'autres (11.4%).

La consommation de graisse au Kazakhstan était de 127,6 g/jour par habitant dans les années 2010, se situant au 28ème rang mondial à égalité avec le Monténégro (128,4 g/jour par habitant), l'Europe (128,7 g/jour par habitant). La consommation de graisse au Kazakhstan était supérieur à celui dans le monde (82,4 g/jour par habitant), et était supérieur à celui en Asie (72,1 g/jour par habitant). La consommation de graisse avait la structure suivante: huiles végétales (42.2%), viande (20.5%), lait (20%), céréales (3.6%), stimulants (2.4%), et d'autres (11.3%).

Voici les niveaux de consommation alimentaire dans le classement mondial: 8ème - lait (284,2 kg/habitant/an), 15ème - légumes (195,4 kg/habitant/an), 32ème - racines riches (112,0 kg/habitant/an), 49ème - noix (2,9 kg/habitant/an), 54ème - viande (68,1 kg/habitant/an), 61ème - stimulants (4,8 kg/habitant/an), 68ème - œufs (8,3 kg/habitant/an), 80ème - alcool (39,4 kg/habitant/an), 95ème - fruits (73,6 kg/habitant/an), 100ème - sucre (28,1 kg/habitant/an), 114ème - céréales (118,4 kg/habitant/an), 137ème - poisson (5,3 kg/habitant/an), 159ème - légumineuses (0,77 kg/habitant/an).

Partie V. Reproduction

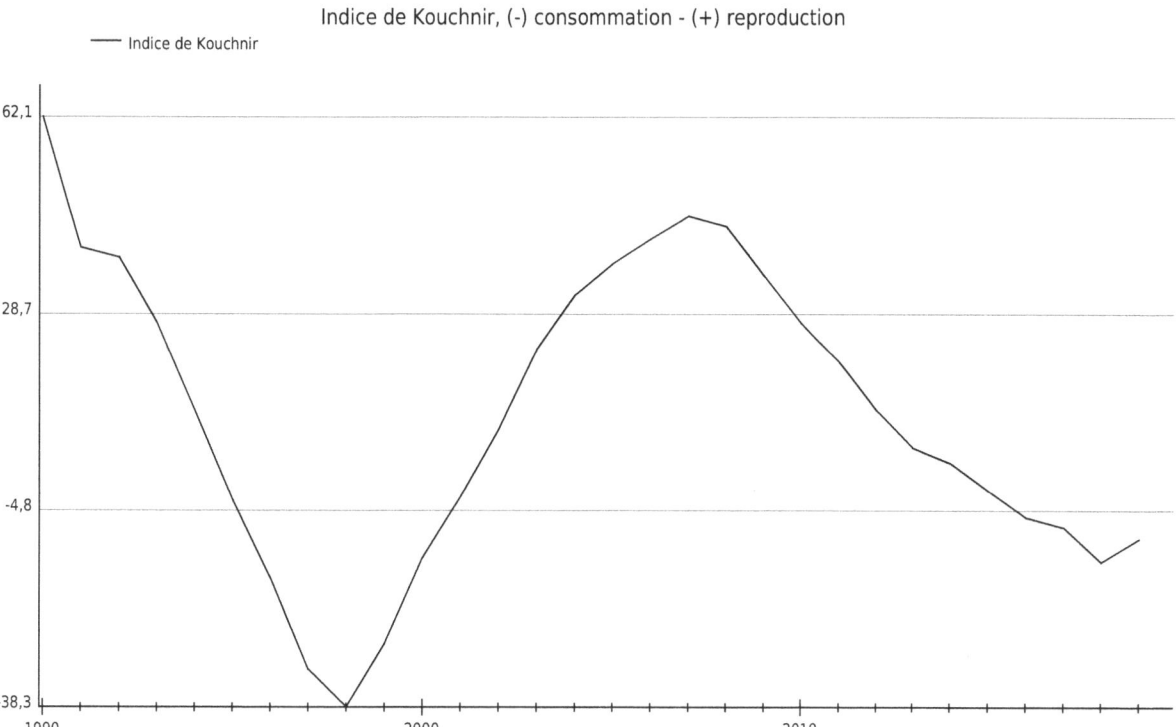

Chapitre XV. Formation de capital fixe

Formation brute de capital fixe

La formation de capital du Kazakhstan est passé de 5,7 milliards de dollars par an dans les années 1990 à 41,4 milliards de dollars par an dans les années 2010, c'est-à-dire 35,7 milliards de dollars ou de 7,3 fois. La variation a été de 28,0 milliards de dollars en raison de l'augmentation de 3,1 fois des prix, et de 7,1 milliards de dollars en raison de la croissance du taux par habitant de 2,1 fois, et de 569,2 millions de dollars en raison de la croissance démographique. La croissance annuelle moyenne de la formation de capital était de 0,82%. La valeur minimale était de 2,7 milliards de dollars en 1999. La valeur maximale était de 51,8 milliards de dollars en 2013.

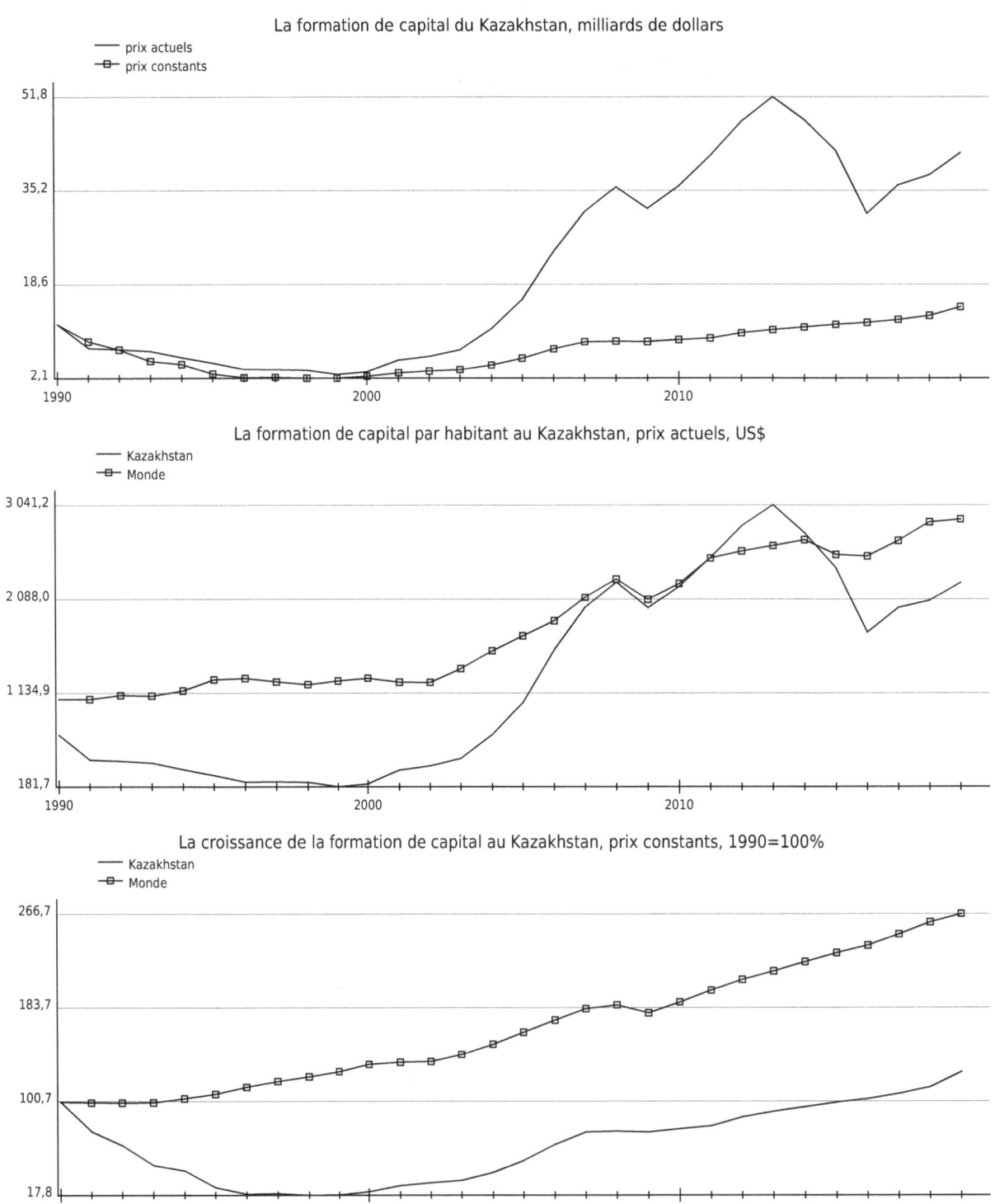

Chapitre XV. Formation de capital fixe

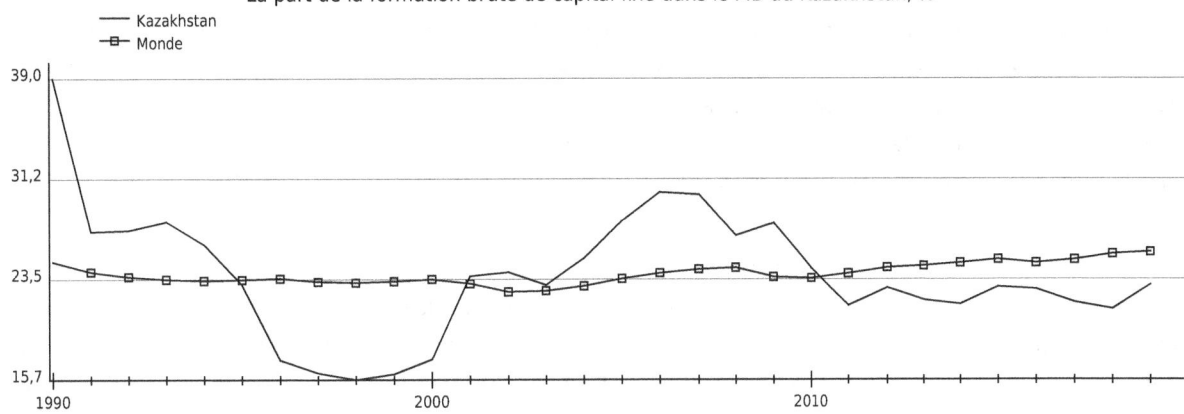

Les années 1990

La formation de capital du Kazakhstan était de 5,7 milliards de dollars par an dans les années 1990, se classant au 57ème rang mondial à égalité avec la Slovaquie (5,6 milliards de dollars). La part dans le monde était de 0,084% et de 0,25% en Asie.

La part de la formation brute de capital fixe dans le PIB du Kazakhstan était de 24,5% dans les années 1990, se classant au 68ème rang mondial, à égalité avec l'Australie (24,6%), l'Asie du Sud (24,6%), Saint-Marin (24,6%).

La formation de capital fixe par habitant au Kazakhstan était de 359.7 dollars dans les années 1990, se classant au 117ème rang mondial, à égalité avec l'Asie du Sud-Est (355,4 de dollars), la Mélanésie (352,6 de dollars). La formation de capital par habitant au Kazakhstan était 3,3 fois inférieure la formation de capital fixe par habitant au Monde (1 183,8 US$), et 45,6% inférieure la formation de capital fixe par habitant en Asie (661,5 US$).

La croissance de la formation de capital au Kazakhstan était de -17.4% dans les années 1990, se classant au 205ème rang mondial. La croissance de la formation brute de capital fixe au Kazakhstan (-17,4%) a été inférieure à celle du monde (2,8%), et inférieure à celle de l'Asie (4,3%).

Comparaison avec les voisins. La formation de capital fixe du Kazakhstan était supérieure à celle de l'Ouzbékistan (4,9 milliards de dollars) et du Kirghizistan (315,9 millions de dollars); mais inférieure à celle de la Chine (233,7 milliards de dollars) et de la Russie (98,2 milliards de dollars). La formation de capital par habitant au Kazakhstan était supérieure à celle de l'Ouzbékistan (218,7 de dollars), de la Chine (189,5 de dollars) et du Kirghizistan (69,0 de dollars); mais inférieure à celle de la Russie (664,1 de dollars). La croissance de la formation brute de capital fixe au Kazakhstan était supérieure à celle de la Russie (-17,9%); mais inférieure à celle de la Chine (12,7%), de l'Ouzbékistan (1,6%) et du Kirghizistan (-9,2%).

Comparaison avec les leaders. La formation de capital fixe du Kazakhstan était inférieure à celle des États-Unis (1,6 billions de dollars), du Japon (1,3 billions de dollars), de l'Allemagne (520,7 milliards de dollars), de la France (299,3 milliards de dollars) et du Royaume-Uni (250,0 milliards de dollars). La formation de capital fixe par habitant au Kazakhstan était inférieure à celle du Japon (10 425,9 de dollars), de l'Allemagne (6 456,6 de dollars), des États-Unis (6 067,2 de dollars), de la France (5 039,5 de dollars) et du Royaume-Uni (4 319,1 de dollars). La croissance de la formation de capital au Kazakhstan était inférieure à celle des États-Unis (4,8%), de l'Allemagne (2,4%), du Royaume-Uni (1,7%), de la France (1,5%) et du Japon (0,18%).

Les années 2000

La formation de capital du Kazakhstan était de 17,2 milliards de dollars par an dans les années 2000, se classant au 56ème rang mondial. La part dans le monde était de 0,16% et de 0,48% en Asie.

La part de la formation brute de capital fixe dans le PIB du Kazakhstan était de 27,3% dans les années 2000, au 49ème rang mondial, à égalité avec le Timor oriental (27,3%), l'Espagne (27,5%), le Lesotho (27,5%).

La formation de capital fixe par habitant au Kazakhstan était de 1119.2 dollars dans les années 2000, se situant au 92ème rang mondial. La formation de capital fixe par habitant au Kazakhstan était 33,8% inférieure la formation de capital fixe par habitant au Monde (1 690,7 US$), et 23,6% supérieure la formation de capital par habitant en Asie (905,5 US$).

La croissance de la formation de capital au Kazakhstan était de 15.2% dans les années 2000, se classant au 10ème rang mondial. La croissance de la formation de capital au Kazakhstan (15,2%) a été supérieure à celle du monde (3,5%), et supérieure à celle de l'Asie

(6,8%).

Comparaison avec les voisins. La formation de capital du Kazakhstan était supérieure à celle de l'Ouzbékistan (4,5 milliards de dollars) et du Kirghizistan (612,0 millions de dollars); mais inférieure à celle de la Chine (1,0 billions de dollars) et de la Russie (172,9 milliards de dollars). La formation de capital par habitant au Kazakhstan était supérieure à celle de la Chine (782,2 de dollars), de l'Ouzbékistan (171,6 de dollars) et du Kirghizistan (120,2 de dollars); mais inférieure à celle de la Russie (1 198,4 de dollars). La croissance de la formation brute de capital fixe au Kazakhstan était supérieure à celle de la Chine (13,4%), de l'Ouzbékistan (10,6%), du Kirghizistan (10,0%) et de la Russie (10,0%).

Comparaison avec les leaders. La formation de capital du Kazakhstan était inférieure à celle des États-Unis (2,8 billions de dollars), du Japon (1,2 billions de dollars), de la Chine (1,0 billions de dollars), de l'Allemagne (557,7 milliards de dollars) et de la France (463,9 milliards de dollars). La formation de capital par habitant au Kazakhstan était supérieure à celle de la Chine (782,2 de dollars); mais inférieure à celle des États-Unis (9 376,4 de dollars), du Japon (8 981,8 de dollars), de la France (7 386,7 de dollars) et de l'Allemagne (6 851,1 de dollars). La croissance de la formation de capital au Kazakhstan était supérieure à celle de la Chine (13,4%), de la France (1,6%), des États-Unis (0,43%), de l'Allemagne (-0,56%) et du Japon (-2,0%).

Les années 2010

La formation de capital fixe du Kazakhstan était de 41,4 milliards de dollars par an dans les années 2010, se classant au 50ème rang mondial à égalité avec la Nouvelle-Zélande (41,3 milliards de dollars), l'Égypte (40,6 milliards de dollars). La part dans le monde était de 0,22% et de 0,47% en Asie.

La part de la formation de capital dans le PIB du Kazakhstan était de 22,3% dans les années 2010, se classant au 115ème rang mondial, à égalité avec Hong Kong (22,3%), l'Afrique (22,2%), la France (22,3%).

La formation de capital par habitant au Kazakhstan était de 2375 dollars dans les années 2010, se situant au 86ème rang mondial, à égalité avec le Botswana (2 384,5 de dollars), l'Est (2 358,1 de dollars), la Roumanie (2 409,9 de dollars). La formation de capital par habitant au Kazakhstan était 9,4% inférieure la formation de capital par habitant au Monde (2 621,1 US$), et 18,3% supérieure la formation de capital par habitant en Asie (2 007,4 US$).

La croissance de la formation brute de capital fixe au Kazakhstan était de 5.6% dans les années 2010, se classant au 62ème rang mondial. La croissance de la formation de capital au Kazakhstan (5,6%) a été supérieure à celle du monde (4,1%), et inférieure à celle de l'Asie (6,0%).

Comparaison avec les voisins. La formation de capital du Kazakhstan était 2,5 fois supérieure à celle de l'Ouzbékistan (16,5 milliards de dollars) et 19,0 fois supérieure à celle du Kirghizistan (2,2 milliards de dollars); mais 109,3 fois inférieure à celle de la Chine (4,5 billions de dollars) et 9,2 fois inférieure à celle de la Russie (380,9 milliards de dollars). La formation de capital par habitant au Kazakhstan était 4,4 fois supérieure à celle de l'Ouzbékistan (535,7 de dollars) et 6,4 fois supérieure à celle du Kirghizistan (368,6 de dollars); mais 26,4% inférieure à celle de la Chine (3 224,9 de dollars) et 9,7% inférieure à celle de la Russie (2 631,4 de dollars). La croissance de la formation brute de capital fixe au Kazakhstan était supérieure à celle de la Russie (1,5%); mais inférieure à celle de l'Ouzbékistan (13,6%), de la Chine (8,0%) et du Kirghizistan (6,8%).

Comparaison avec les leaders. La formation de capital fixe du Kazakhstan était 109,3 fois inférieure à celle de la Chine (4,5 billions de dollars), 87,0 fois inférieure à celle des États-Unis (3,6 billions de dollars), 29,3 fois inférieure à celle du Japon (1,2 billions de dollars), 18,2 fois inférieure à celle de l'Allemagne (752,5 milliards de dollars) et 16,8 fois inférieure à celle de l'Inde (696,8 milliards de dollars). La formation de capital fixe par habitant au Kazakhstan était 4,4 fois supérieure à celle de l'Inde (535,2 de dollars); mais 4,7 fois inférieure à celle des États-Unis (11 264,9 de dollars), 4,0 fois inférieure à celle du Japon (9 460,2 de dollars), 3,9 fois inférieure à celle de l'Allemagne (9 192,9 de dollars) et 26,4% inférieure à celle de la Chine (3 224,9 de dollars). La croissance de la formation brute de capital fixe au Kazakhstan était supérieure à celle des États-Unis (3,8%), de l'Allemagne (2,8%) et du Japon (1,8%); mais inférieure à celle de la Chine (8,0%) et de l'Inde (5,8%).

www.ingramcontent.com/pod-product-compliance
Lightning Source LLC
Chambersburg PA
CBHW080533220526
45465CB00006B/2692